milliyetçilik
milliyetsizlik

ÖMER LÜTFİ METE

kardeşliğimizi zorlayan kimlik tartışması

Konuşan: Selman Kayabaşı

milliyetçilik
milliyetsizlik

ÖMER LÜTFİ METE

Bu kitap
Emine Eroğlu'nun yayın yönetmenliğinde,
Neval Akbıyık'ın editörlüğünde
yayına hazırlandı.
Kapak tasarımı *Ravza Kızıltuğ*,
iç tasarımı *Sibel Yalçın*
tarafından yapıldı.
1. baskı olarak 2007 Mayıs ayında yayımlandı.
Kitabın Uluslararası Seri Numarası
(ISBN) : 978-975-263-558-6

Baskı ve cilt:
Sistem Matbaacılık
Yılanlı Ayazma Sok. No: 8
Davutpaşa-Topkapı/İstanbul
Tel: (0212) 482 11 01

TİMAŞ YAYINLARI

İrtibat : Alayköşkü Cad. No.: 11
Cağaloğlu / İstanbul
Telefon : (0212) 511 24 24
Faks : (0212) 512 40 00

www.timas.com.tr
timas@timas.com.tr

TİMAŞ YAYINLARI/1640
AKTÜEL PERDE ARKASI DİZİSİ/31

©Eserin her hakkı anlaşmalı olarak Timaş Yayınları'na aittir.
İzinsiz yayınlanamaz. Kaynak gösterilerek alıntı yapılabilir.

milliyetçilik
milliyetsizlik
ÖMER LÜTFİ METE

kardeşliğimizi zorlayan kimlik tartışması

Konuşan: Selman Kayabaşı

TİMAŞ YAYINLARI
İSTANBUL 2007

ÖMER LÜTFİ METE

1 Şubat 1950 Rize doğumlu... İlk ve orta öğrenimini Rize'de, yüksek öğrenimini İstanbul'da tamamladı. Kısa bir dönem edebiyat öğretmenliği dışında gazeteci ve senaryo yazarı olarak çalıştı. Evli ve dört çocuk babası. Babıali'de Sabah, Bizim Anadolu, Tercüman, Türkiye, Yeni Haber, Orta Doğu, Yeni Şafak, Ayyıldız, Yeni Binyıl ve Sabah gazetelerinde editör, yönetici ve yazar olarak çalıştı. Türk Edebiyatı ve Çağrışım dergilerinde makale, mizahi öykü ve şiirleri yayınlandı.
www.omerlutfimete.com

Kitapları:
Derin Devlet (röportaj), Dünyayı Kimler Yönetiyor (röportaj), Gülce (şiir), Çığlığın Ardı Çığlık, Yerden Göğe Kadar, Asker ile Cemre, Çizme (roman), Derin Millet Manifestosu (köşe yazılarından seçmeler), Hacıyağı ile Parfüm Arasında (deneme), Balonya Tüneli (kara mizah), İtfaiye Yanıyor (kara mizah)

Sinema filmi senaryoları:
Çizme, Gülün Bittiği Yer, Yunus Emre, T.H.E. İmam...

TV filmi senaryoları:
Köstekli Saat, Ayrı Dünyalar, Veysel Karani, Ahmet Bedevi.

TV dizi senaryoları:
Bizim Ev, Evlere Şenlik, Ortaklar, Deliyürek, Ava, Hayat Bağları, AGA, Çanakkale Destanı (Belgesel Drama).

İçindekiler

Gerekçe **7**
Kimliğimiz, İbrahim Milletidir **11**
Kimin Milliyetçiliği? **73**
Ortak Ülkümüz Adil Yönetim Olmalıdır **105**
Ayinsi Milliyetçilik mi, Gerçek Milliyetçilik mi? **135**

Gerekçe

Bu kitabın oluşması için bende istek uyandıran ana sebep, çeşitli çevreler tarafından 'milliyetçi' sıfatı ile anıldıkça hissettiğim açıklama yapma ihtiyacının özünde yatan düşünce ve duygulardır.

'Milliyetçi' olarak anıldıkça, neden 'evet ama şöyle veya böyle' diye kayıt koymak ve açıklık kazandırmak ihtiyacı duyuyordum?

Çok açık; siyasi ve ideolojik bir terim olarak 'milliyetçi' kelimesinin içinde tereddütsüz konuşlanabilecek biri değildim. Ne aileden çekirdekte, ne de ergenlikte böyle bir başlangıcım oldu. Aksine ailem, özellikle babam; tabii ki milliyetçi duygular bakımından bilinçli bir insan olmakla beraber, dindarlığı daha baskın bir örnekti. Daha da önemlisi, ortaokulu bitirdikten sonra birkaç yıl -Süleyman Hilmi Tunahan Hazretleri'ne izafetle 'Süleymancı' denen- Kur'an Kursları'nda öğrenim görmüş, sonra da adam kıtlığında kısa bir süre okutuculuk görevi yapmış bir genç olarak İslâmi öncelikleri daha belirgin biriydim.

Hiç unutmam; o yıllarda (1968-1969) yüksek öğrenimin eşiğindeyken, bir gün karşılaştığım bir akrabama MHP'li olduğu için genel havaya uyarak ırkçı, faşist gibi İslami, daha doğrusu İslamcı suçlamalar yöneltmiştim. Halen çok değerli adaş ağabeyim ve dostum olan -o zamanlar Orman Mühendisi olarak devlet hizmetinde bulunan- Ömer Mete'yi kırmıştım. Oysa o Ömer Mete daha çocukluk yıllarından itibaren eski deyimle 'sahib-i tertip' denebilecek kadar namazına sadık, pek dindar bir gençti.

Bana, 'Türkeşçi' denen milliyetçilerin, öyle gösterilmek istendiği gibi ırkçı veya faşist bir dünya görüşüne sahip bulunmadıklarını, İslâmiyet'i de milletimizin 'ahlak ve fazilet' dayanağı olarak baş tacı edindiklerini anlatmaya çalışan bu aziz ve güzel insana hiç haklılık payı tanımayacak kadar gevezelik ve ukalalık da etmiştim.

Birkaç yıl sonra, ilk yüksek okul maceram olan İstanbul Üniversitesi İktisat Fakültesi'ne kaydolduğumda, hâlâ dini öncelikleri daha belirgin bir genç idim...

O kadar ki, başkalarının 'Süleymancı', kendilerinin 'Süleymanlı' dedikleri meşrebin ilk 'Üniversiteliler Yurdu' olan Bakırköy'deki Kur'an Kursu'nda kalırken, - cemaatin, politikaya hiç sıcak bakmamasına rağmen- Güneyli bir arkadaşımın delaletiyle Milli Selamet Partisi'nin bu ilçedeki teşkilatına üye olmuş, hatta yanlış hatırlamıyorsam gençlik kollarında bir görev de almıştım. Fakat partiye ve particiliğe devam etmeye yeterli istek ve fırsat bulamadım. Zaten kısa süre sonra 'freze çırağı' olarak bir matbaada iş bulmak suretiyle gazetecilik mesleğine adım atmıştım. Bir daha da 'Milli Görüş' çizgisinin herhangi bir siyasi yapılanmasının yanından bile geçtiğim olmadı.

İsteyerek tercih ettiğim halde, okuyabilmek için çalışmak zorunda olduğumdan, İktisat Fakültesi'nde zorlanmam kaçınılmazdı. Fakat daha önemlisi; ortamı sevememiş olmamdı. Zira 1970 yılında sanki ülkenin en zengin ailelerinin kız ve erkek çocukları bu bölümü seçmişlerdi. Bu parlak kıyafetli, arabalı, şatafatlı gençlerin arasında kendimi iyi hissetmediğim için, İktisat Fakültesi gönlümde ve beynimde bitmişti. O ana kadar hiçbir ortamda kendimi sıradan biri gibi hissettiğimi hatırlamıyorum.

Derken yeniden üniversite imtihanlarına girdim. Bir sürü ayrıntısı olan karmaşalar sonucunda kendimi Atatürk Eğitim Enstitüsü'nün Türkçe bölümünde buldum. 1973 yılında Ecevit bu okulların gece bölümlerinin açılmasını sağlamış, ben de bu sayede gündüz çalışarak eğitime devam etme imkânına kavuşmuştum. İşte ne olduysa burada oldu; devrimci öğrenciler daha öğrenimin ilk aylarından sonra boykota kalkışınca bir avuç ülkücü bu eyleme karşı çıktı. Onların bir an önce okulu bitirmek istedikleri, ötekilerin ise profesyonel eylemci-öğrenci gibi davrandıkları düşüncesi bende ağır basıyordu. Ayrıca devrimciler ortada veya ortanın soluna yakın duruşta olan öğrencileri de etkiledikleri için, üç bin kişiye karşı onbeş kadar ülkücünün sergilediği direniş, açıkçası bana kahramanca bir davranış gibi göründü. Esasen kültür ve yaşantı itibariyle de kendimi daha yakın bulduğum bu gençlerle düşüp kalkmaya başladım. Böylece ülkücü gençlerle ilişkim gelişti.

12 Eylül'e uzanan süreçte en yakın arkadaşlarım ve dostlarım bu camiadan insanlardı. Sonrasında ve halen bu kesimden dostlarım, ülkemin bütün öteki eğilimlerinden olanlara nazaran sayıca daha çokturlar. Fakat hayatımda ülkücülerin böylesine yoğun olmasına rağmen milliyetçilerin temel kitapları ve kaynakları okuma sıralamamda hiçbir zaman öncelikli olmadı. Doğrusu, on üç yaşında şiir ve roman yazdığını sanan ve o günden sonra sürekli bir şeyler karalayan, ayrıca Necip Fazıl'ın o amansız kendini beğenmiş üslubundan etkilenen bir genç olarak bu iklimin el kitaplarını çok tatminkâr bulmam da mümkün değildi. Daha yirmili yaşlarda bile neredeyse bütün yerli ve yabancı klasikleri okumuş biri olarak -camiada farklı ve dolu bulunma-

nın da etkisiyle- çok gülünç bir üstatlık havasına dahi kapılmış sayılırdım.

Halen de ülkücü-milliyetçi kadroların içinde o camianın kendine özgü folklorik ve mitolojik birikimine yeterince hâkim değilimdir. Fakat belki bundan daha gülüncü, kendileri gibi biri olmadığım halde onlara ülkücülük ve milliyetçilik adına eleştirici gözle bakmayı doğal bir hakkım ve görevim saymamdır. Bunun sebebi de; mesleğim gereği hemen her eğilim ve camiayı içerden denebilecek şekilde epeyce yakından tanımış biri olarak, ülkücüleri 'adam gibi adam' oranı bakımından ülkemin en yüksek ortalamaya sahip kesimi görmemdir. Bu oran kendi içinde çok mütevazı olabilir ama tanıdığım kesimlerle kıyaslandığında bana göre yüksek durmaktadır. Tabii bu sadece benim şahsi ve belki de marazi matematiğimden ibarettir.

Zaten böyle bir matematik yaptığım içindir ki; eski beraberliklerim ve süren dostluklarım hasebiyle 'milliyetçi' veya 'ülkücü' diye tanımlandığım zaman şerh koymak, kayıt düşmek ihtiyacı hissederim.

Bu kitabın benim açımdan var oluş gerekçesi bir bakıma o şerh ve kayıtlarımı derleyip toparlama arzusudur.

Ömer Lütfi Mete
23 Mart 2007

KİMLİĞİMİZ İBRAHİM MİLLETİDİR

Trabzon'da Rahip Santonoro'nun öldürülmesi, ardından Danıştay saldırısı ve nihayet Dink cinayetinin görünürdeki fail ve azmettiricilerinin çevreleri ve ilişkileri hakkında ortaya çıkan bilgi ve iddialar, genel olarak milliyetçiliğin sorgulanmasına ve suçlanmasına yol açan bir süreç başlattı. Bu olaylarla birlikte milliyetçiliğin tartışılmasını nasıl değerlendirmek gerekiyor?

İlke olarak, önyargısız hareket ettiğimiz zaman, bu üç olayda, varlığı öne sürülen dürtülerin ortak noktalarına bakarak milliyetçiliği sorgulama ihtiyacı duymayı anlayışla karşılamamız gerekir. Eğer böyle bir sorgulama ihtiyacını, kendilerini "bilinçli milliyetçiler" olarak tanımlayanlar duyarsa bu davranış, anlayıştan öte saygıyla karşılanır. Nitekim biri gerçekten kalkar da milliyetçi olduğu için filanca ve falancayı öldürürse, ben de bütün gücümle sorgulama ihtiyacı duyarım. Fakat, esasında milliyetçilik karşıtı ideolojik duruşu olanların veya başka milliyetçilikler adına Türk milliyetçiliğinden rahatsızlık duyanların, sorgulama görüntüsü altında suçlama kampanyasına kalkışmaları durumunda, şüpheci bakış, her türlü manevra ihtimalini araştırmayı gerektirir.

Açıkçası o zaman da gerçek veya muhtemel faillerin, gerçek veya muhtemel azmettiricilerin bir şekilde milliyetçi duygu ve düşüncelere yakınlığı, daha geniş ölçekli bir senaryonun öngördüğü yapay bir görüntü izlenimi verebilir.

Medya, adeta tek merkezden üfürülmüş bir iddianameyi yargı kararına dönüştürmek istercesine yayın yaparsa, bu durumda küresel manevracıların parmağını aramak farz olur. Sözgelimi Türkiye'deki Amerikan karşıtlığını milliyetçi çevrelerin körüklediğini düşünen bir manevracı, bir tür ceza kesmek veya bu karşıtlığı dengelemek adına böyle bir senaryoyu hayata geçirmeye kalkışabilir. Fakat kanaatimce bu olaylardan sonra bizim medyamızın milliyetçiliğe karşı bir tür linç uygulamasına girişmesi, Amerikan karşıtlığını geriletmeye yaramaz.

O zaman ne olabilir?

Eğer bu bir kampanyaysa, bu kampanya bir yerden, bir merkezden yönlendiriliyorsa başka ne gibi bir hedef öngörülebilir?

Türkiye'de milliyetçi eğilimleri köpürterek, karşı ve farklı milliyetçilikleri tahrik etmek suretiyle doğacak yüksek gerilim altında Ankara'ya yeni diplomatik, siyasi, ekonomik veya stratejik istekler dayatmak da söz konusu olabilir.

Onun içindir ki bu hengâmede milliyetçilik hakkında sorgulayıcı bir tartışmayı şahsen rahatsız edici ve yararsız bulmam. İster önyargılı bir milliyetçilik karşıtı kampanya ile karşı karşıya bulunalım, ister samimi bir merak içinde bu tür cinayetlerle milliyetçi gençler arasındaki bağlantının mahiyetini araştırma arzusu ile yüz yüze gelelim; her durumda, milliyetçilik sağlıklı bir siyasi akımsa, mensupları kendilerine güvenlerini yitirmezler.

Diyelim ki ben milliyetçi dünya görüşünü kendisine ana fikir olarak seçmiş bir siyasi hareketim. Bazı gençler de bir yandan benim düşüncelerime yakın bir eğilim sergiliyorlar, bir yandan da Dink cinayeti ve benzeri eylemlere kalkışabiliyorlarsa, başkalarının önyargılı suçlamalarına aldırmadan kendi hesabıma bir sorgulama ihtiyacı duyarım. Çünkü bu hem bir ülke sorunudur, hem de benim siyasi, ideolojik ve ahlâki sorunumdur. 'Bu tür gençlerin bizimle ilgisi yoktur ve olamaz' deyip geçmek yeterli değildir. Elbette ki bu tür gençlerin benim siyasi hareketimle doğrudan bir ilgisi ve bağlantısı yoktur. Fakat ham duygu ve düşüncelerle benim hareketime saf bir sempati duymaları bile özelde benim önemli bir sorunum sayılır.

Türkiye, bu olayda ve benzeri bütün hadiselerde gerçeğin, sebebin ve arızanın köküne inmek yerine, ortaya çıkan güncel çalkantıdan kendi meşrebine göre siyasi veya ideolojik verim sağmaya çalışanların baskın çıkabildiği bir ülkedir. Bu yüzden de sağlıklı ve dengeli bir toplum yapısı oluşturamıyor, böylece her türlü iç ve dış tezgâhlarla genel siyasi dalgalanmalara maruz bırakılabiliyoruz.

O zaman şöyle bir soru akla geliyor: Milliyetçilik her durumda istismara açık bir akım niteliği mi taşıyor?

Evet, ama bunu kim ne kadar namuslu şekilde sorgulayıp araştırıyor? Bana göre milliyetçiliğin sorgulandığı, özellikle de suçlandığı yerde daima başkalarının milliyetçiliğine yarayan sonuçlar ortaya çıkıyor.

Sözgelimi bugünkü Çin'e bakalım. Doğu Türkistan'daki soydaşlarımızın en doğal hak ve özgürlüklerine sahip çıkmak, temel kültür değerlerini korumak ve kimliklerini yaşatabilmek adına sergileyecekleri her etkinlik, Pekin tarafından lânetlik bir milliyetçilik hareketi olarak mahkûm edilebilmektedir.

Bu, milliyetçiliğin sorun olduğunu mu gösterir? Tamam, oradaki Uygur Türklerinin en mülâyim milliyetçi eğilimleri, Çin milliyetçiliği için bir sorundur, doğru... Aynı şekilde Çin'in bu milliyetçiliği de Uygur milliyetçileri için sorundur.

Öyleyse her durumda milliyetçilik bir sorun mudur?

Herkesin şu veya bu dereceden milliyetçiliği, bir başka milliyetçi için sorundur.

'Yok efendim, ben milliyetçiliğe, başka bir milliyetçilik mensubu olduğum için değil, sadece enternasyonalci, sadece hümanist düşünceye sahip bulunduğum için karşı çıkıyorum.'

İstediğiniz kadar böyle bir tepki gerekçesi gösterin; milliyetçilik karşıtı her kişinin altını eşelediğiniz zaman bir şekilde yine milliyet sorunu ile yüzleşiriz. Büyük bir tarihi geçmişe, büyük bir milli kültüre, büyük bir küresel hedefe sahip, iddialı bir milletin mensubu değilseniz, milliyetçilik size tabii ki itici gelecektir. Bu da yine 'milliyet sorunu' değil midir?

Amerika'da birtakım 'yeni muhafazakâr' aydınlar 'Anglo-Sakson kültürü'nün tehdit altında bulunduğu iddiasıyla İspanyol kökenlilerden yakınıyorlar. Bu da bal gibi Anglo-Sakson milliyetçiliği değil mi?

Adını 'milliyetçilik' koymasa da herkesin bir tür milliyetçilik türü ve söylemi var.

Esasen devletin olduğu yerde de milliyetçiliğin olması kaçınılmazdır. Devlet varsa milliyetçilik de vardır. Ama hangi milliyetçilik, ne kadar milliyetçilik?

Hitler de milliyetçiydi, Mussolini de, Churchill de.

Daha ilginci, Küba'nın lideri Castro da milliyetçidir. Hem komünist, Marksist, hem milliyetçi... Öyleyse sorgulamanın dürüstçe olanı 'Hangi milliyetçilik?' sorusuyla başlamak zorundadır. Hitler de milliyetçi biliniyorsa, Castro'da da bir şekilde milliyetçilik varsa hangi milliyetçilik diye sormadan nereye gidebilirsiniz?

Bugün Türkiye'de milliyetçiliğe kökten karşı olduğunu söyleyenler, Yunanistan-Türkiye futbol maçına 'hangisi yenerse yensin' duygusu ile bakabilirler mi? Burada kişinin mensubu bulunduğu ülkenin kazanmasını istemesi de milliyetçi bir duygu değil midir?

En asgari düzeyde her toplumda ortak bencillik doğaldır ve milliyetçiliğin en alt zemini budur. Milliyetçi bir tavır koymuş sayılmam için ille de 'Ben en iyiyim' dememe gerek yok. 'Benim milli takımım yensin' demem de kâfi... Öyle veya böyle, her düzeyde milliyetçilik hayatın bir gerçeği...

Şayet suçlama konusu yaparken 'aşırı milliyetçilik' üzerinde duruyorsak buna ilke olarak itiraz etmem. Zira her şeyde aşırılığın kötü olduğu yargısına tereddütsüz katılırım. Fakat bu da milliyetçilik konusundaki tartışmada ortalığı sütliman yapmaya yetmez. Zira aşırı nedir? Nereden sonrası aşırılık sayılacaktır? Buna ilmi veya hukuki sınırı nasıl koyacağız ki, tartışma olmadan 'şöyle milliyetçilik aşırıdır' diye rahatça ortak yargıya varabilelim?

Milliyetçilik hangi haliyle ve nereden sonra siyasi ideoloji niteliği kazanır, nerede bireylerin ortak bencillik alanı olarak tanımlanabilir? Ne zaman etnik anlama hapsolunur, ne zaman sadece kültür değerlerine yönelik duyarlılık sınırında kalır? Hangisini kimin tarifine göre benimseyeceğiz? Herkesin tarifi kendisi için geçerli.

Siz kendi hesabınıza bu sorulara geçerli ve tutarlı cevaplar verebiliyor musunuz? Verebiliyorsanız nasıl?

Bu noktada herkesin cevabı kendi 'millet' anlayışına göre şekillenir. Şahsen 'millet' terimini Kur'an-ı Kerim'deki 'Millet-i İbrahim' tamlamasından ilhamla anlamlandırıyorum.

Ne demektir bu?

İbrahim'in milleti?

Tefsirler bunu genellikle 'İbrahim'in dini' şeklinde açıklamaktadır.

Bizim geleneksel din eğitimimizde şöyle bir soru-cevap zinciri vardır:

-Kimin kulusun?

Allah'ın...

-Dinin nedir?

İslâm...

-Kimin ümmetindensin?

Hazret-i Muhammed Aleyhisselâm'ın...

-Kimin milletindensin?

İbrahim Aleyhisselâm'ın...

Peki, burada 'millet' kelimesi 'din' anlamında ise ayrıca 'Dinin nedir?' sorusu niye var?

Demek ki 'İbrahim'in milleti' tamlamasındaki 'millet' birebir 'din' anlamında değil.

Bir fark var ama o nedir?

Kendimce buna getirdiğim yorum; çağdaş 'ulus devlet' yapılanmalarında vatandaşlık bağıyla öngörülen hukuki 'millet' tanımına yakındır.

Bu da, köken birliği ile din birliğini zorunlu kılmayan bir ortaklık iradesinin oluşturduğu toplumdur. Böyle yorumladığım için Türkiye'nin Rum, Ermeni, Süryani ve Yahudi vatandaşlarını da Türk milletinin eşit bireyleri olarak görüyorum. Bunların tamamının veya bazılarının 'azınlık' olarak belirlenmeleri, Birinci Dünya Savaşı galiplerinin yapay uluslararası hukuk dayatmalarının bir tezahürüdür. Rumların, Ermenilerin veya Yahudilerin başka bir coğrafyada, başka bir milletin soydaşları olmaları, bizim toplumumuzdaki diğer kökenden bireylerle eşdeğer sayılmalarına engel değildir. Aynı şekilde başka ülkelerdeki Türkmenlerin, Türkiye'deki Türkmenlerle soydaş olmaları ve aynı millete mensup bulunmaları, Türk toplumunun 'İbrahim'in Milleti' tamlamasındaki yapısına halel getirmez.

Bu çerçevede bir millet tanımı, esasen en medeni bir hoşgörü ve ortak çıkar toplumunu önerir. Böyle bir millet tanımından yola çıkarsam, bir Türkmen olarak benim milliyetçiliğim, Türkiye'deki sözgelimi bir Rum vatandaşın da benimseyebileceği temennileri içerir.

Bunlar nasıl temennilerdir?

Öncelik sırasına göre ilk planda kendi esenliğim, sonra birinci derecede akrabalarımın esenliği, ondan sonra Müslüman veya Hıristiyan komşularımın esenliği, ondan sonra akrabalarımın, hemşehrilerimin, ülkemin bütün insanlarının, ülkemin bütün komşularının, bulunduğum kıtanın ve nihayet bütün dünyanın esenliği...

Biz batılıların 'nation' diye tanımladığı kavramı 'millet' kelimesi ile karşılayarak doğru mu yaptık? Kendi kültür dünyamız açısından doğru olduğunu düşünmüyorum. Biz bunu Kur'an deyimi olarak 'İbrahim Milleti' tamlamasını hesaba katmadan aldık. Oysa bütün unsurlarını düşünürsek 'Osmanlı toplumu' deyimi, ilk ve zahiri anlamıyla tam da 'İbrahim'in milleti' niteliğini taşımaktadır. Zira Yahudilerin, Hıristiyanların, Müslümanların ve bu üç ana inanıştan yan kolların oluşturduğu bir Osmanlı toplumu vardır. Bu, Fransız İhtilâli ile kavramlaşan ve kurumlaşmaya başlayan 'millet' gerçeğinden farklı bir yapı olarak böyle bir ithal kalıba uygun değildir.

Günümüzde Türkiye, Osmanlı toplum yapısının biraz daha küçük bir örneğini oluşturmakta, yine 'İbrahim Milleti' tamlamasının içereceği inanışları barındırmakta, fazladan bir avuç tanrıtanımaz veya bilinemezci unsuru da her dönemin ve her inancın 'Rafızîleri' gibi aykırı çeşit olarak içerebilmektedir.

Fikrimce makul ve geleceği olan millet tanımı böyle bir esneklik gerektirir.

Esasen başkaları da bu deneyin peşinde sayılır. Fransa, kendi millet tanımını oluştururken Korsikalıları veya Baskları dışlıyor mu? Onları diğerleriyle eşit bireyleri olarak belirlemiyor mu? Burada en azından zahiren ırkçı bir yaklaşım yoktur. Açıktan ırkçı olan, Nazi milliyetçiliği ve faşizmdi.

Bütün mesele, sizin milliyetçiliğinizin ebedi ve ezeli bir 'öteki' gerektirip gerektirmediğindedir.

Türk milletinin ezeli ve ebedi 'öteki' tanımlaması yoktur. Bu yüzden toplumumuzdaki sağduyulu milliyetçilik asla ırkçı bir temel öngöremez. Ancak Avrupai eski milliyetçi akımların birebir taklitçisi olan ithal eğilimler ırkçı bir referans ararlar.

Benim milliyetçiliğim ebedi ve ezeli 'öteki' tanımlaması gerektirmediği için meşrudur. Ne demektir ezeli ve ebedi 'öteki' tanımlaması gerektirmemek? Rusya'dan gelip Türkiye'ye yerleşmiş ve zaman içinde vatandaşlık hakkını elde etmiş bir kişi, iyi veya kötü bir insan, iyi veya kötü bir komşu olabilir ama benim için ezeli ve ebedi bir 'öteki' olmaz... Esasen böyle bir kültürümüz yok bizim. Bütün üstünlüğümüz ve bütün zaafımız buradadır. Bu üstünlüktür, çünkü kültür hayatımızda kâmil insan olmanın sağlam bir temeli mevcut demektir. Bu aynı zamanda zaaftır, çünkü başka toplumlar, ezeli ve ebedi 'öteki' tanımlamasını zorunlu buldukları için bizim gönlümüzün her unsura sonuna kadar açık olmasını istismar edebilirler. Zorunlu 'öteki' dayatmayan her milletin milliyetçiliği benim milliyetçiliğimle uzlaşır. Fakat öylesi yok. Öylesi bizde de Anadolu kültürünün gen yapısı içinde mahfuz artık. Biz de kültür değişimleri sonucunda kendi kendimiz olmaktan çıkma yoluna girdiğimiz için ezeli ve ebedi 'öteki' bulmaya yeltenebiliyoruz. Milliyetçilikle ilgili son dönem tartışmalarımızın kabukta kalması yüzünden bu acıklı bozulmayı göremiyor veya görsek bile üzerine gidemiyoruz.

Zorunlu bir 'öteki' algılaması ile tasavvufi bir terim olan 'kâmil insan' tamlaması arasında kurduğunuz ilişkiyi biraz daha açabilir misiniz?

Şöyle söyleyeyim: Batılılaşma sürecinde, özellikle de yakın çağlarda içimizdeki kökten batıcı mütegallibenin tasallutu ile özgün kültürümüzden büyük ölçüde sapmalara uğramamıza rağmen, maşeri vicdanımızda, yani toplumumuzun bilinç derinliklerinde, manevi gen havuzumuzda; tamamlanmış, olgunlaşmış, kemale ermiş anlamında 'kâmil insan'ın nitelikleri capcanlı yaşamaya devam etmektedir. Kısacası, Türk toplumu her şeye rağmen 'kâmil insan' üzerinde birey birey özdeşleşmeye elverişli, hatta hazırdır.

Kâmil insan neden kimseyi ezeli ve ebedi 'öteki' olarak algılamaz?

Buna duyuş, düşünüş ve inanış bakımından kapalıdır da ondan! Zira 'kâmil insan' bilir ki bir tek Allah vardır, bir de Allah'tan gayrı olan... Allah'tan gayrı olan ise ya vehimdir veya onun herhangi bir tecellisi, yansıması... Öyleyse benliğini aşmış, kendisini yok etmiş biri için 'öteki' nasıl olur? Kendisini yok eden için 'öteki' kim olabilir ki?

İnsanoğlunun gerçek gelişimi, 'öteki' algısını sıfıra indirmeyi hedeflemekle başlar. Kâmil insan, olgun insan böyle olunur.

Aslında duru gönül ister ki Allah'ın bütün yarattıkları, yaradılışlarının doğal seyri içinde yaşasınlar. Bu olmuyorsa ben en azından bulunduğum toplumda bütün canlıların ve bütün insanların birbirlerinin hudutlarına tecavüz etmeden huzur içerisinde yaşayabilmeleri için elimden geldiğince gayret göstermeliyim. En büyük ülküm bu olmalı. Yeryüzünü cennete ne kadar benzetebilirsem o kadar insan olurum.

Nedir bu?

Çok doğal bir milliyetçilik... Gücüm şu anda bütün insanlığı kardeş yapmaya yetmediğine göre ülkemde bu ülküyü tahakkuk ettirmeye çalışırım. O hedefe uzaksam, en azından kendi çevremde kardeşlik halkası oluştururum. Bu dar halkayı genişlettiğim, kendimi aştığım zaman kasabamda, ilimde, bölgemde ve ülkemde aynı hedefe doğru yürürüm. Buna meşru ve olumlu milliyetçilik dersek kimin ne itirazı olabilir?

Oysa Türkiye'de ne görüyoruz? Milliyetçilik bahsinde en iddialı kesimler, kendi içlerinde, kardeşliğe sığmayan soğukluk, nefret ve hatta hır gür içindeler. Sen daha dar bir havzada huzur ve barış ortamını sağlayamamışsın; koca bir ülkenin çatışan veya çelişen kesimlerini nasıl birbirine yaklaştıracaksın, nasıl birbirleriyle uyumlu olarak yaşatabileceksin?

Tabii ki kendi toplumunun yücelmesi için, yükselmesi için çırpınacaksın, ama bırakın yandaşlarının hakkına hukukuna kayıtsızlığı, başkasının hakkına da saygılı olacaksın. Hatta inancım odur ki, başkalarının kötülüğünü isteyen bir milliyetçilik muteber değildir.

Bu durumda özellikle milliyetçilerimizin övündüğü geçmişteki bütün fetihler, ister istemez başkalarının kötülüğünü istemekle eşdeğer girişimlerdir, sonuçta hedef alınan ordular veya ülkeler için hezimet ve yıkım olmuşlardır. Yani şunu sormak istiyorum; Fatih'in İstanbul'u fethetmesiyle gurur duymak, sizin milliyetçilikle ilgili helâl-haram iddialarınızla çelişmez mi?

Bakın; 'Dedem ekşi erik yedi, benim dişim kamaşır' dersem ne anlarsınız? Kişi benimsediği ecdadının sevabına da, günahına da varis olur. Fatih'in İstanbul'u fethedişi, esasen kozmik bakışla çürüyen bir yapıyı yıkıp yenisini kurmaktır. Daha iyisini inşa etmişse, sadece kendi evlâtlarına değil, bütün insanlığa ve dünyaya iyilik etmiştir. Nihayet bu büyük sultan, Avrasya'da en uzun ömürlü, başka zamanlardakinden çok daha adil veya çok daha az adaletsiz bir 'Osmanlı Barışı' tesis etmenin merkezini oluşturduğu için benim iftihar kaynağımdır. Onun mutlu ve müreffeh kıldığı insanlar, mutsuz ve mağdur ettiklerine nazaran ezici bir çoğunluk oluşturur. En azından ben böyle algıladığım için kendimi tutarsız hissetmiyorum. Ayrıca yaşananlar, kozmik bir fermana uygun gelişmelerdir. Bu kozmik ferman, Allah'ın Kur'an-ı Kerim'de buyurduğu ilâhi kuraldır:

'Eğer Allah'ın, insanların bazılarını bazıları ile def'i (engellemesi) olmasa yeryüzü fesada uğrardı.'

Burada köhne Bizans budanarak başka bir canlı türü, başka bir şehir, başka bir uygarlık, başka bir yöntem doğdu.

Tabii ki gönül, yeryüzünde hakkaniyetin esas olmasını arzu eder. Fakat dünyamıza hakkaniyet hâkim değildir. İnsanlık, hakkaniyeti belirleyebilecek bir sistem oluşturmayı başaramamıştır. Hakkaniyetin ilke ve ölçütlerini belirleyecek bir çark yoktur.

Bu fasılda ne hayal edilebilir?

Yeryüzünün yüzölçümünü 7 milyar kişiye bölüp buna göre bir mülkiyet veya hükümranlık belirlenebilir mi?

Öyle veya böyle, insanların kimi çölde yaşayacak, kimi kutuplara yakın. Dünyayı herkes için cennet yapacak bir tasavvurun gerçekleşebilirliği yok. Sağlam ve şaşmaz bir hakkaniyet düzeni kuramadığımız için şimdilik olabildiğince adil bir rekabet ortamı öngörebiliriz. Bu temenni de, ancak güçlü olanların içtenlikle hakkaniyet duygusu içinde hareket edebilmesi ile bir anlam kazanabilir.

Biz hoşlansak da, hoşlanmasak da savaşlar oluyor ve olacak. Zira dünyayı yönetmeye kalkan güçler çok üstün silâh donanımlarına sahip olabilmek için düşman tanımına ihtiyaç duyarlar. Her küresel oyuncu, kendi vatandaşlarına silahlanma külfetini dayatabilmek için uzak veya yakın tehlike algıları üretmek ve benimsetmek zorunluluğuna şartlanmıştır.

İşte ABD, dünyayı tek başına ve kendi çıkarlarına göre yönetme veya yönlendirme iradesi gereğince uzanabildiği her yere müdahale edebilmenin ideolojisini dönemden döneme yeni jargonlarla olabildiğince makul göstermenin derdindedir.

Soğuk Savaş döneminde 'komünizm' tehdidi, 'savunma çerçevesi' (=konsepti) adı altında ABD'nin saldırı ideolojisini kurumlaştırmasını sağladı. Sovyetler Birliği çöktükten sonra ABD adına NATO, bu 'Kızıl Tehlike'nin yerine önce adıyla sanıyla 'Yeşil Tehlike' diyerek İslâmiyet'i koydu. Ancak Müslüman ülkelerle ilişkilerini kendi öngördüğü çizgide sürdürebilmek bakımından daha sonra İslâmi köktendincilik üzerinden 'uluslararası terör' söylemine geçiverdi.

Bu ne şimdi?

Bu da Amerikan milliyetçiliği... Fakat hiçbir ABD'li sorumlu milliyetçilikten söz etmez. Her yerde kendi milliyetçiliğinin önünü açabilmek için de başkalarının milliyetçiliğini tehlike olarak göstermeye çalışır, hatta başka ülkelerin seçkinlerine milli duyarlılığın küresel gelişim adına kötü bir tutum sayılması gerektiğini aşılar, aşılattırmaya uğraşır.

Kendi ülkemizde milliyetçiliği tartışmaya hiçbir itirazım yok. Fakat kendi milliyetçiliğimizi aşağılama ve suçlama sürecine girdiğimiz zaman, üzerinizde ve etrafınızda stratejik emelleri bulunan küresel oyuncuların milliyetçiliğine alan açarız.

Eğer yabancı oyuncuların içimizde cirit atmasına imkân tanımayan bir yönetimimiz varsa, sivil toplum örgütü görünümüyle başkalarının stratejik çıkarlarına hizmet eden beşinci kol faaliyetlerine açık değilsek, ülke olarak dış siyasette milliyetçi önceliklerle hareket etmeye çalışıyorsak, bu sefer de 'haydut devlet' ilân edilmek durumunda kalabiliriz.

Kısacası küresel oyuncunun kendi maskeli milliyetçi ideolojisinin sömürgeci emelleri doğrultusunda her durum için bir çözüm geliştirebildiğini görürüz. Biz bu arada sözde milli heyecanlarla suç işleyen birtakım gençlerin davranışlarından yola çıkarak kendi milliyetçiliğimizi sorgularken ister istemez küresel veya bölgesel oyuncuların üzerimizde ve çevremizdeki tasarılarını gerçekleştirmelerini kolaylaştırırız.

Konunun özü şudur:Milliyetçilik, her durumda devlet olgusu ile yaşıt bir akımdır.

Fakat Osmanlı devletinin böyle bir ideolojisi yoktu...
Neydi Osmanlı devletinin ideolojisi?

Nizam-ı Âlem...

Birebir karşılığı nedir?

Dünya Düzeni...

Çağımızda ABD'nin 'dünya düzeni' veya 'Yeni Dünya Düzeni' dediği tasarı, esasen bu ülkenin milliyetçiliğine koyduğu addır. Biz şimdi, 'nation' kelimesinden akım adı olarak 'nasyonalizm'i üreten batıya karşılık kendi tercümemizi, 'millet' kelimesinden 'milliyetçilik' olarak yaptık diye, devletlerin doğal ideolojilerinin mahiyeti mi değişiyor?

Devletin kendisi bir ideolojidir.

Neyin ideolojisidir?

Şu veya bu özellikleri olan, şu veya bu kökenden gelen, şu veya bu inanışa sahip uyruklar toplamının güvenliği ve esenliği için bağımsız, egemen ve kalıcı bir yapı örgütlemek, 'bir topluluğu bütünleştirme, koruma, güçlendirme ve geliştirme ideolojisi'ne uygun bir teşkilât kurmak değil de nedir?

Bu topluluğa millet dersiniz, milletler camiası dersiniz, halk dersiniz...

Sonuçta yaptığınız, belirli bir topluluğun olabildiğince bağımsız bir siyasi yapıya kavuşması için kurallar ve hedefler koymaktır. Devlet budur ve devlet bizatihi ideolojidir. Bu devlet, ister şu veya bu tanıma uygun bir milletin, isterse birkaç milletin, isterse de yine şu veya bu tanıma göre milletleşememiş bir toplumun siyasi örgütlenmesi olsun; her durumda kendi kural ve hedeflerinin gereğini yapmaya şartlanmış demektir. O devletin toplumu millet olmasa dahi, kendi varlık sebebi itibariyle kural ve hedeflerinin gereği için koşturacak, yani milliyetçilik yapacaktır.

Bu durumda milliyetçiliğin gerçekçi tanımını -ki ileride bunu açacağız- şöyle yapmalıyız:

'Devlet niteliğine sahip her siyasi yapının kendi kural ve hedeflerinin gereğini yerine getirmesi fiilen milliyetçiliktir.'

Meselâ Sovyetler Birliği, bir milletler konfederasyonu gibi görünmesine rağmen gerçekte devletler topluluğu değil, Moskova merkezli bir eyaletler örgütlenmesi olarak kesinlikle bir Rus imparatorluğu, yani Rus devleti idi!

Çarlık döneminde Rus devleti imparatorluk olarak anılıyordu ama devrimden sonra, özellikle de Stalin'le sonrasında aynı Rus devleti, Sovyetler Birliği adını, sadece sıkı Rus milliyetçiliği ideolojisini maskelemek için kullanmıştır. Komünist Sovyetler Birliği, herhangi bir başka model Rus devletinde görebileceğimizden daha fazlasıyla milliyetçi bir ideoloji takip etmiştir.

Burada akımın kökeninde 'millet' kelimesinin bulunması, milliyetçiliğin ille de millet esaslı bir devletin ideolojisi olmasını gerektirmez. Fakat yine de, devletin niteliği ne olursa olsun milliyetçilik, kurucu milletin üstünlüğünü, iç ve dış egemenliğini örtülü veya açık biçimde öngören bir ideolojidir.

Bu noktada milliyetçilik akımının ülkemize, siyasi bir ideoloji olarak anavatanı diyebileceğimiz Batı Avrupa'dan değil de, Çarlık Rusyası'ndaki Türk aydınlardan gelmesini nasıl değerlendiriyorsunuz? Ayrıca Türkçülük cereyanının Osmanlı'nın dağılmasını hızlandırdığına ilişkin görüşler için ne düşünüyorsunuz?

Oralardaki çeşitli Türk boylarına mensup aydınlar, esaret altında bulundukları için milli kimliklerini koruma gayesine sarılmışlardır. Bazı toplumlar milliyetçilik bayrağı altında ve büyük Avrupa devletlerinin desteği ile Osmanlı'dan bağımsızlıklarını alabildiklerini gördükçe umutlanmış, heyecanlanmışlardır. Fakat tabii ki o şartlarda Osmanlı aydınının milliyetçi akımlara sarılması makul olmazdı. Esasen hiçbir imparatorluğun kurucu unsurunu oluşturan millet, açıktan milliyetçilik ideolojisini benimseyemez. Rusya'nın veya İngiltere'nin yaptığı gibi, başka siyasi nazariyelerin maskesine bürünerek kurucu milletin milliyetçiliğini yürütmek, imparatorlukların doğal tutumudur. Osmanlı ise öteki imparatorluklar gibi başka milletleri sömürmeyi ana hedef olarak seçmediği için, sınırları içindeki hiçbir toplumu kendi kimliğinin potasında eritmeye çalışmadı. Böyle iken, kendi toprakları üzerinde ayrılıkçı milliyetçiliğin yükseltilen değer haline getirilmesine tepki olarak bazı aydınların Türkçülük akımını benimsemesi, dağılmayı hızlandıran bir etken sayılmıştır. Özellikle Arap unsurlar, esasen genel milliyetçilik rüzgârının etkisi ve büyük Avrupa devletlerinin tahrikleri altında bağımsızlık eğilimlerini güçlendirirlerken, Osmanlı'nın merkezi yönetimindeki Türkçülük yanlısı unsurların tutumlarını, kendi ayrılıkçı hareketlerinin gerekçesi olarak gösterdiler.

Osmanlı topraklarındaki Arap aydınların bu gerekçeyi abarttıkları muhakkaktır. Hatta bu abartma, bir bakıma Müslüman Arap aydın ve siyasetçilerin suçluluk duygularını itirafları anlamına da gelir. Zira bunlar İslâm'ın kavmiyetçiliği onaylamayan genel çerçevesine ters düşmüş görünmemek için, 'Osmanlı idaresi durduk yerde Türkçülük yapmaya kalkışınca, bizler de ister istemez Arapçılık yapmaya itildik' demek suretiyle böyle bir abartma eğilimine girmişlerdir. Bununla birlikte, İttihat Terakki'nin Osmanlı taşrasında, sözgelimi Arap diyarlarında Türkçülük hareketinin yansıması sayılabilecek veya sanılabilecek uygulamaları, karşı tarafın abarttığı kadar olmamakla beraber parçalanmada pay sahibidir.

Her şeye rağmen, başta İngilizler olmak üzere Osmanlı'yı paylaşmak isteyen batılı güçlerin, on dokuzuncu ve yirminci yüzyıl modeli haçlı seferlerine alet olup isyana kalkışan Arap aydın ve siyasetçilerin, ayrılık gerekçesi edindikleri Türkçülük akımı, İslâm âleminin o dönemdeki en büyük devletine ve meşru hilâfet merkezine ihaneti dengeleyebilecek bir mazeret değildir. Arap milletinin bağımsızlığı uğruna İslâm'ın ve Osmanlı'nın düşmanları ile işbirliği yapmanın doğal bir siyasi yönelim olduğunu savunmak, kanaatimce böyle bir mazerete sığınmaktan daha haysiyetli bir tavırdır. Zira Emevi ve Abbasi İmparatorluğu gibi iki büyük devlet kurmuş Arap milletinin herhangi bir mensubunun Osmanlı'dan bağımsız olmayı arzulaması, kendi başına saygı ile karşılanabilecek bir istektir. 'Türkçülük yapıldığı için biz ayrıldık' yakınmaları ise samimi ve gerçekçi değildir.

İttihat ve Terakki Partisi'nin yer yer Türkçü söylem ve eylemlerde bulunması, Arap milliyetçilerinin İngilizlerle işbirliği yapmalarında ne derece etkin olabilmiştir?

Enver Paşa hariç tepe kadrosunun neredeyse tamamı Turani kökenli olmayan kişilerden oluşan bir partinin niçin, hangi dürtüyle, nasıl ve ne kadar Türkçülük yapabildiği de ayrı bir muamma değil midir?

Her durumda, hem o çöküş demleri için, hem bugün için Türkiye'de Türkçülük akımının değerlendirmesini samimiyet ve cesaretle yapabilir miyiz?

Şahsen köken bakımından halis bir Türk olduğumdan hiçbir şüphem bulunmadığı halde, kavmiyetçi, ırkçı, etnik safiyet arayıcı bir Türkçülük akımının bu toplum için yararını sorgulamaktan yüksünmem. Türkiyatçılığı anlarım. Kim ne derse desin ve kim ne ölçüde rahatsızlık duyarsa duysun, insanlık tarihinde bir Türk olgusu ve Turan gerçeği vardır. Hun'dan, Göktürk'e, Uygur'dan Babür İmparatorluğu'na, Kölemenlerden Yeni Delhi Türk Devletine, Selçuklu'dan Osmanlı'ya, Asya, Avrupa ve Afrika'da iz bırakmış bir Türk olgusunu kim inkâr edebilir? Türkçülük benim açımdan Türkiyatçılık olmalıdır. Bu yalnız Türkler için değil, dünyanın geçmişini merak eden herkes için yararlı dersler çıkarılabilecek bir ilgi ve bilgi alanıdır. Siyasi ve ideolojik bir akım olarak değil, bir kültür ve ilim hareketi olarak Türkçülüğü, aşırı bir milliyetçilikle özdeş görmüyorum.

Öyleyse Türkçülük ve milliyetçilik arasındaki ilişki nedir?

Eğer Türkçülük, sadece Türk kökenli olanların ideolojisi ise demokratik bir devlette meselâ Gürcülerin, meselâ Çerkezlerin, meselâ Kürtlerin Gürcücülük, Çerkezcilik, Kürtçülük ideolojisi geliştirmelerine hangi ölçütle yasak koyabiliriz?

Hangi etkin kökenin etnik milliyetçilik yapmasının meşru, hangisinin gayri meşru olduğuna nasıl karar verebileceğiz?

Ne denecek?

'Ben en büyüğüm, ben en eskiyim, en önce gelenim, ben en kalabalığım; onun için ben kendi etnik kökenim üzerinden milliyetçilik, hatta ırkçılık yapabilirim ama başkaları yapamaz!' mı denecek?

Burada bir açmaz var.

'Kürt sorunu'ndan söz edenlere şahsen sürekli çıkışıyorum:

'Neden Çerkez sorunu demiyoruz, neden Gürcü sorunu demiyoruz da, Kürt sorunu diyoruz?'

Verilen cevap şu: 'Kürtler kalabalık, Kürtler şu kadar zamandır bilmem kaç defa isyan ettiler.'

Böyle bir safsata, bir 'etnik sorun' için gerekçe olabilir mi?

Şimdi, bunu sorgularken, etnik temelli bir hareket olarak 'Türkçülük' yapmayı nereye oturtacağım?

'Efendiler, ben Türk kökeni üzerinden milliyetçilik yapabilirim, çünkü kurucu unsur benim, başkaları yapamaz' mı diyeceğim?

Hayır, ben bunu söylemiyorum. 'Türkçülük, Kürtçülük gibi ırkçı bir akım değildir, olmamalıdır' diyorum.

Fikrimce en doğru, en tutarlı ve en büyük Türkçü, Türkçülüğü Türkiyatçılık olarak anlayan ve güdebilendir. Bu çok önemlidir. En büyük Türkçü, aslında kendisine Türkçü demeyen Türkiyatçıdır. Ne yapar bu Türkiyatçı? Eksiğiyle gediğiyle tarihteki Türk'ü, Türk'ün bugünkü halini, kültürünü, manzarasını anlamaya, öğrenmeye çalışır. Bu çok sıkı ama o kadar da masum bir Türkçülüktür.

Kendimize meşrep ismi veya siyasi kılıf seçerken 'öteki' üretmemeliyiz. 'Sen Türkçü isen ben de Kürtçüyüm' dedirtiyorsan, bunu diyene evrensel tutarlılıkta bir cevap veremiyorsan kendi ülkene, kendi toplumuna iyilik etmiyorsundur.

Her durumda birinin milliyetçiliği başka birinin milliyetçiliğiyle çelişmektedir. Eğer Türkiye'de bir çevrenin milliyetçilik teriminde öngördüğü içerik, başka vatandaşlarımızın haklı veya haksız kendi kökenlerini merkeze alan bir milliyetçiliği, hatta ırkçılığı üretiyor veya besliyorsa, o çevrenin milliyetçiliği milli bir çizgide değildir; bütünlüğe değil, aksine ayrışmaya hizmet ediyor demektir.

Osmanlı'nın güçlü olduğu dönemlerde milliyetçi bir devlet siyaseti var mıydı? Var idiyse bu nasıl bir milliyetçilikti?

Daha önce de çok sınırlı biçimde değindiğim gibi; Osmanlı başka milletleri sömürmeyi, devlet etmenin ana hedefi olarak öngörmüş değildir. Böyle olduğu için de başka imparatorluk ve devletlerde gördüğümüz türden kurucu milleti veya meselâ ABD'de olduğu gibi WASP benzeri baskın bir toplum kesitini mutlak biçimde merkezine alan bir milliyetçilik anlayışı, Osmanlı'nın felsefesine uygun değildir.

Osmanlı'da farklı inanışta olan insanların kıyafetlerinin bile farklı öngörülmesi bir bakıma 'öteki' uygulaması değil midir?

Hayır; bu kimliklere saygı uygulaması olarak değerlendirilmeye daha yakın bir tutumdur. Bir devlet felsefesinde, yaratılmış her şeyi Allah'ın emaneti olarak kabul etmek var ise, orada kalıcı, zorlayıcı ve hemen her ilişkiyi belirleyici bir 'öteki' anlayış ve uygulamasından; hele dünkü ve bugünkü batı toplumlarındaki sertlikte bir 'öteki' ayırımı ile kıyaslanabilecek bir yaklaşımdan söz etmek insafsızlıktır. Esasen genel olarak da 'öteki' dayatmayan ve yaratmayan bir kültürün, 'öteki' gerektirmeyen bir inanışın hâkim bulunduğu toplumda, batı tarzı bir devlet milliyetçiliğinin de dayanağı olmaması gerekir.

'Mümin-kâfir' ayırımı dolayısıyla İslâmiyet de, daha var oluş anından itibaren 'öteki' öngörüsü dayatmıyor mu?

Hayır, dayatmıyor. Zira İslâm'da mümin-kâfir ayırımı çatışma öngörmüyor. Başlangıç yıllarında, müminlere düşmanlık ettikleri için kâfirlerle ayrılık ve çatışma vardı ve bu büyük ölçüde karşı tarafın 'öteki' icadı idi. Böyle olunca da savaş esnasında cephe şartlarının getirdiği güncel hüküm ve yükümlülükler, İslâm'ın evrensel öğretisinden sayılamaz. Bunun böyle olduğuna kanıtım bir ayetteki 'Fitne kalmayıncaya ve dininizin tamamı Allah için olana -müesseseleri ile oturana- kadar onlarla savaşın...' hükmüdür. Kur'an böylece mümine savaşma gerekçesi olarak, güvenlik ihtiyacını tayin etmekte, kimlik, kültür ve inanca saldırıyı defetmek için karşılık vermeyi önermektedir. Yoksa cephe şartları kalkıp savaş bittiğinde, her türden insanlarla barış anlaşması tesis edildiğinde 'öteki' algısı biter. İslâm'ın evrensel öğretisine göre bütün bir insanlık, son Peygamber olan Hazreti Muhammed'in ümmetidir. Onun için de inananlar bu ümmet içinde 'Hidayet ehli' olarak tanımlanırlar, inanmayanlar da 'Tebliğ ehli' diye anılırlar. 'Hidayet ehli' bir müminin yarın küfre düşüp düşmeyeceğini, henüz Allah'ın birliğine ve öldükten sonra dirilmeye inanmayan ve 'tebliğ ehli' konumunda, çağrıya açık bulunan bir gayrimüslimin de yarın mümin olup olmayacağını kimse bilemez. Böyle olduğu için, Kur'an-ı Kerim'in evrensel öğretisini doğru algılayan bir Müslüman için kimse 'kalıcı' olarak 'öteki' değildir.

Osmanlı; milliyetçi veya dinci bir dürtü ile baştan baskın ve belirleyici bir 'öteki' algısı ile hareket etmediği için daha önce hiçbir devletin uzun ömürlü barış sağlayamadığı coğrafyalarda huzurlu ve olabildiğince adil bir düzen kurabilmiştir. Buna en çarpıcı örnek Balkanlardır. Orada 'Osmanlı Barışı'nın nasıl bir siyasi ve insani manzara ortaya çıkardığını, büyük Sırp yazar İvo Andriç'in edebi şaheseri Drina Köprüsü belgelemeye kâfidir. Osmanlı, kendi felsefesinin öngördüğü gibi bu toplulukları çok iyi idarecilerin elinde, o toplulukların ileri gelenleri ile elbirliği içinde yönettiği sürece, huzur mükemmelen korunmuştur. Kötü idareciler elinde de huzur ve dolayısıyla düzen, yani Osmanlı Barışı bozulmaya başlamıştır. İyi ve adil Osmanlı idarecilerinin gönüllerini fethettiği bölge halkları; kötü, yeteneksiz veya zalim idareciler yüzünden düzene yönelik inanç ve güvenlerini yitirmeye başladılar. Bu süreç İstanbul ile gayrimüslim tebaanın arasını açtıkça Müslüman unsurlar da ister istemez asli sahibi sayıldıkları devletin yanında yer almak durumunda kaldıkları için, halklar arasında öteki-beriki ikilemi oluşmaya yüz tuttu. Böylece batı toplumlarındaki 'öteki' duygusu bize de bulaşmaya başladı.

Şüphesiz bunu söylerken Osmanlı'da, diğer imparatorluklarda veya dünya devletlerinde görülen cihangir felsefenin dünya hâkimiyeti anlayışından eser bulunmadığını kastetmiyorum. Başka ülke ve toplumlar üzerinde hükümran olma duygusunun bir tür milli bilinç halinde Osmanlı'ya yön verdiğini zaten 'Nizam-ı Âlem' söyleminde görürüz. Fark, Osmanlı'nın cihangirlik anlayışı ile diğer devlet ve imparatorlukların emperyal vizyonları arasındadır. Daha açık bir mukayese zemini için 'Yeni Dünya Düzeni' söylemi ile 'Nizam-ı Âlem' söyleminin sahipleri ABD ve Osmanlı arasındaki niyet ve uygulama farkına odaklanmak yararlı olabilir. Tabii bunun için de, ABD'nin barış öngörüsü ile Osmanlı'nınkini, insancıllık, paylaşımcılık, yönetişim, kanaatkârlık, hakkaniyet ve başkalarını da düşünebilirlik bakımından mukayese etmeyi özgür ve namuslu aydının vicdanına havale ederek dikkat çekmekle yetinelim.

Batılı devletlerin her zaman milliyetçi önyargılarla hareket ettiğini söyleyebilir miyiz?

Gayet tabii... Batı oldum olası kendisini uygar, 'öteki' diye algıladığını ise barbar saydığı için bütün dünyayı kendisine ait bir mülk görür, elinin uzanmadığı yerleri bir gün istimlâk etmenin yollarını düşünür. Buna uygun bir milliyetçilik güder ama onu maskelemek için türlü yöntemler geliştirir, farklı isim veya başlıklar kullanır.

Batılı büyük devlet, dünyanın herhangi bir yerindeki herhangi bir çıkar alanına bizzat sahip bulunmadığı, açıktan veya gizlice hükmetmediği sürece orasını başka hiç kimseye yâr etmemek için her türlü kötülüğü öngörür ve düzenler. Bu, insan doğasının en ağır bozulma hallerinden biridir. Oysa doğada hiçbir canlı, 'Ben yiyemiyorsam başkası da yemesin' dürtüsü ile hareket etmez. Bunu ancak, insani değerleri çıkar çarklarının dişlilerine sürülecek yağ gibi kullanabilen şeytanın hükmüne teslim olmuş bilinçler öngörüp uygulayabilir.

Batıda herhangi bir devletin -adını koyarak veya koymayarak- benimsediği milliyetçi ideoloji, herhangi bir Müslüman toplum tarafından benimsenebilir, taklit edilebilir, hatta sırf karşı tarafa direnebilmek için kullanılabilir meşrulukta bir araç değildir. Müslüman insanın kendi ülkesi için öngörebileceği 'milli çıkar gözetme yöntemi' -yani milliyetçilik, ki bu terimi bir tür 'devlet etme, devlet etmeyi önerme' tarzı anlamına da geldiği için tercih ediyorum- asla batılılarınki gibi olamaz. Orada sözgelimi şimdi, şu saatlerde en munis devlet milliyetçiliği İngiltere'ninki olsun, o dahi Nazizm'den nitelik değil, nicelik açısından ayrılabilir. Sorsanız İngiliz siyasetçileri milliyetçiliği reddederler. Ne İşçi Partisi, ne de Muhafazakâr Parti mensupları devletlerinin 'milli çıkar gözetme yöntemi'ni milliyetçilik olarak adlandırırlar. Fakat her iki partinin iktidarında da köklü bir İngiliz milliyetçiliği, İngiliz devletinin bütün kurumlarını derinden derine ve mutlak surette yönlendirir. Bu milliyetçilik ile Nazilerinki arasında yalnız derece farkı vardır, nitelik farkı yoktur. İngiliz milliyetçisi 'öteki' insanlara özü itibariyle bir Nazi gibi bakar. Hitler, Almanları en üstün soy olan Arilerin altın kavmi sayar, 'öteki' kavimleri ise sürü gibi görürdü. İngiliz, görünürde 'üstün ırk' safsatalarına inanmaz ama 'beyaz uygar adam' olarak kendisini dünyanın efendisi, 'öteki' başlığı altındakileri ise her türlü muameleye müstahak barbarlar sayar. İktidar ister İşçi Partisi'nde olsun, ister Muhafazakâr Parti'de, her durumda devletin -veya onların deyimi ile 'görünmeyen hükümet'in- 'milli çıkarlarını gözetme yöntemi' uyarınca (milliyetçi) siyasetlerini geliştirir ve yürütürler. Bu iki parti için içeride ve dışarıda kimse 'milliyetçi' sıfatını kullanmaz, ama her ikisinin iktidarındaki milli çıkar duyarlılığı, bizdeki en 'aşırı milliyetçi' kabul edilen partinin iktidarında bile görülmez. Görülebilseydi zaten MHP'nin iktidarda bulunduğu bir dönemde meselâ idam cezası İngiltere'deki gibi yasa olarak kaldırılmaz, sadece belirsiz bir süre, gerektiğinde tekrar getirilmek üzere uygulamadan kaldırılırdı. Yine meselâ bizim en hızlı milliyetçi partimiz, İngilizlerin sözde sosyal demokrat İşçi Partisi kadar 'milliyetçi' davranabilseydi onun iktidarında çağdaş kapitülâsyonlar için 'küresel mafya kitapçığı' olarak 'Tahkim Yasası' Türkiye'nin mevzuatının bir parçası haline gelmezdi.

Bu durumda batılı devletlerde solcuların veya en azından sosyal demokrat siyasetçilerin bile milliyetçi olduklarını söyleyebilir miyiz?

Tabii şaşmaz bir genelleme yapmak niyetinde değilim. Ancak o devletlerin 'görünmeyen hükümet' birimleri gerekli gördüğü takdirde, solcu iktidarlar en sağcı, en milliyetçi kararları alıp uygulamaya geçebilirler. Batı Avrupa'daki gurbetçilerimiz çoğu zaman bulundukları ülkelerin sosyal demokrat partilerine oy verirler. Bu gurbetçilerimiz sosyal demokrat oldukları için mi böyle bir tercih yaparlar? Hayır, belki çoğu Türkiye'de sağcı, dindar, milliyetçi eğilimleri ile öne çıkan partilere oy verirler ama bulunduğu Batı Avrupa ülkesinde oy kullanmak veya destek verip vermemek söz konusu olduğunda sosyal demokratları, solcuları tercih ederler. Niye yaparlar bunu? Sosyal demokratlar ve solcular, ideolojik kalıplar gereği, yabancılar hakkında, misafir işçiler konusunda daha mülâyim görüşler dile getirirler de onun için. Sanki onların iktidarında yabancı işçilerin şartları daha iyileşebilecektir. Oysa iş, Alman milletinin asli çıkarlarına gelip dayandığı zaman, daha açık bir ifade ile Alman devletini yaratan Germen unsurların rahatı biraz kaçtığı zaman her türlü 'yabancı karşıtı' yasal düzenleme bu sosyal demokrat veya solcu iktidarlar döneminde de gerçekleşebilir.

Bu şartlarda milliyetçiliği her devlet için vazgeçilmez bir siyasi ve stratejik istikamet mi saymak durumundayız?

Ülkenin milli çıkarlarını gözetme yöntemi anlamında milliyetçilik, devletlerin olmazsa olmaz davranış biçimidir. Bizde başkalarının milliyetçiliğinin meşru görülüp kendi milliyetçiliğimizin, siyasi cinayet işletmek için geliştirilmiş bir ideoloji gibi gösterilmesine bakmayın! Bu, bizim medyamızın başka alanlarda da yaptığı gibi esasen ısmarlanmış kampanyalara alet olmaktan başka değer ve anlam taşımaz.

Yalnız, başkalarının milliyetçiliğinin kötü olması, acımasız, insanlık dışı, 'öteki' ayrımını temelden dayattırıcı nitelik taşıması, bizim de o türden milliyetçilik anlayışını hoş görmemizi gerektirmez. Sözgelimi İngiltere'nin kendi çıkarları adına hareket etmesini ve dünyanın dört bir yanında bunun için başkalarına kötülük doğuracak yöntemler kullanmasını ve tedbirler almasını lanetleyebiliriz elbette. Fakat alçak dünyanın alçak düzeni budur şimdilik.

'Biz de öyle yapmazsak, onların karşısında çıkarlarımızı koruyamayız' diyerek benzeri bir barbarlığa, küresel veya bölgesel fitne çıkarmak için melânet işlemeye, karanlık manevralarla millet ve devlet göçertmeye mi soyunacağız?

Hayır! Başka bir yol bulmak zorundayız. İnsanlığa sadece zulüm getiren, başka hiçbir uygarlık dönemi ile kıyaslanamayacak kadar çok insanın ölümüne yol açan batı medeniyetinin yükselttiği toplumlar gibi olmaktansa mazlum, mağdur ve yenik kalmak çok daha insani bir durumdur. Bizim arayacağımız, onlara benzeyen güçlü devletler haline gelmenin çaresi değildir. Bizim arayacağımız yöntem, onlar gibi zalim olmadan güç edinmenin, adaleti, hakkaniyeti yeryüzüne hâkim kılmanın yolu yordamıdır...

Buna imkânsız diyemeyiz.

Hem iyi hem de güçlü olmak zorundayız; yoksa sadece çıkarlarımızı değil insanlarımızı da koruyamayız, nitekim koruyamıyoruz. İyi olabilirsiniz ama güçlü değilseniz size her türlü açık veya örtülü operasyonu yaparlar, sizin insanınızı yine sizin insanlarınıza karşı cinayet aracı olarak kullanırlar. Bunu defalarca gördük, şimdiki devletsizlik halimiz sürdükçe de görmeye devam edeceğiz.

Onun içindir ki milliyetçiliği bir kalemde sanık sandalyesinde oturtmak veya bir kalemde yüceltmek akıllı adamın işi değildir.

Cumhuriyetimizin ilk yıllarından başlayan ve İsmet İnönü zamanına kadar gelen Mustafa Kemal milliyetçiliğini ve sonrasını nasıl değerlendirmek gerekiyor?

Cumhuriyet -isabetli veya isabetsiz- bir ulus devlet inşa etmek istiyordu. Dönemin şartları içinde başka bir yöntem çok mümkün görünmüyordu. Bunun için de bütün Müslüman unsurları tek bir ulus olarak kabul ediyordu. Zaman zaman güncel duygu ve dürtülerle bazı sivriliklerin sergilenir gibi olduğunu gördük. Meselâ Faşizmin ve Nazizmin yükseldiği dönemlerde belki biraz da işin eğlencesini çıkarmak istercesine kafatası milliyetçiliği gibi bir eğilim belirir gibi oldu. Fakat kimse bunun Atatürk'ün marifetiyle öngörülmüş uzun vadeli bir istikamet tercihi olduğunu söyleyemez. Nitekim Atatürk'ün devleti yapılandırırken tercih ettiği anlayışın kültür milliyetçiliği olduğunu bellidir. Bir kere hukuki çerçeveyi belirlerken güncel olarak yükseltilmiş değerler şamatasından etkilenmez; Türk terimini vatandaşlık bağına düğümleyerek çok geniş bir anlama kavuşturur.

Bu milliyetçilik esasen yurtseverliktir, vatanseverliktir.

Tabii muzip bir bakışla, eşanlamlı gibi duran iki deyim, niye iki ayrı kesimin tercihi oluyor; solcular kendilerini yurtsever, sağcılar vatansever diye tanımlamaya özen gösteriyor?

Burada yurt ile vatan elbette aynı şey değil, ama iki deyimin doğuş öyküsünde kelimelerin farklı anlamları etken olmamıştır. Vatansever eskiden vatanperver şeklinde kullanılıyordu. Bunu sağdakiler biraz çağdaşlaştırdılar; vatansever yaptılar. O sıralarda bir de Öztürkçecilik diye saçma bir akımla dilimizdeki Arapça ve Farsça kökenli kelimelere karşı savaş açıldığı için 'vatan'ın da canına okumak lazım geldi. Böylece vatansever yerine yurtsever kelimesi önerildi. Soldakiler de hem bu akımı benimsediklerini belli etmek için, hem kendilerinin de ülkelerini sevdiklerini ama bunu sağdakilerden farklı bir duygu ve düşünce olarak yaşadıklarını göstermek için yeni kalıba sarıldılar.

Esasen şimdi ikisini de aynı anlamda kullanıyoruz.En azından ben, yurt kelimesini vatan kelimesiyle eşanlamlı bulmadığım halde her iki deyimi eşanlamlı görüyorum. Bu, galat-ı meşhurun lügat-ı fasihten üstün olmasına örnektir.

İşte Cumhuriyet'in Atatürk dönemindeki milliyetçiliği, vatanseverlik başlığı ile de ifade edilebilecek, asla ırk beraberliğini öngörmeyen bir devlet etme, milli çıkar gözetme yöntemidir. Yalnız, şüphe yok ki bu yöntemin etnik anlamda bir omurgasının olduğu düşünülmüş, yer yer ona göre davranışlar, siyasi tercihler sergilenmiştir. İnsaf ehlinin bunu doğal kabul etmesi gerekir. Zira Milli Mücadele'yi zafere götüren Anadolu'dur ama bunun bir ana gövdesi vardır ki o da dün olduğu gibi bugün de ezici bir çoğunluk teşkil eden etnik unsur konumundaki Türkmenlerdir. Bugünkü gibi o zaman da Anadolu'nun yüzde 65'ten fazlası Türkmenlerden oluşuyordu. Hatta belki o zamanlar Türkmen çoğunluk, şimdiki oranın da çok üzerinde olabilir. Çünkü Milli Mücadele yıllarından bu yana Türkmen kesimin nüfus artış hızı, diğer unsurlardan daha düşük, özellikle de Kürt unsurdan çok daha düşük seyretmiştir. Bu bakımdan ezici çoğunluğu Türkmen olan bir devletin, sadece söylemlerde ana gövdenin tarih ve kültür referanslarına daha çok yer vermesini haksız bulmak, ya insaf yokluğu ile veya kötü niyetle açıklanabilir.

Cumhuriyet'in başından bu yana, yönetici kadroların, iktisadi hayatı yönlendiren unsurların ve öne çıkmış çıkarılmış aydınların kökenlerine baktığımız zaman Türkmen çoğunluğun neredeyse izine rastlamıyoruz. Türkiye'nin kaymak tabakası, Cumhuriyet'ten bu yana hep ana gövdeyi oluşturan Türkmen unsurun dışındakilerdendir. Türkmenler, kat kat fazla olmalarına rağmen meselâ Kürtler kadar Cumhurbaşkanı çıkarabilmiş değillerdir. Doğrusu, kimsenin soy kütüğünü kurcalamaktan hoşlanmam ama bir merak eden çıkarsa görür ki Cumhuriyet'ten bu yana, Atatürk hariç Türkmen veya başka bir Türk boyundan gelen Cumhurbaşkanı yok gibidir. Hele bir de bazılarının ima ettiği gibi Atatürk bile Sabetay ise seyredin siz o zaman halkın ezici çoğunluğunu oluşturan Türkmen'deki ağlamayı...

Bu ülkede pek çok zaman ve özellikle de son dönemlerde, Türkmen çoğunluktan olmamak, neredeyse yükselmek için en geçerli şartlardan biri niteliğini kazanmıştır.

Aynı şekilde devlet kademelerinde çokça Sabetay vardır, Kürt vardır, Çerkez vardır, Arnavut vardır, Boşnak vardır, Gürcü vardır. Nüfus yoğunluğuna kıyasladığımız zaman devlet makamlarında mevcudiyet ve temsil bakımından en düşük oran, büyük çoğunluğu oluşturan Türkmenlerdedir. Bu doğal mıdır? Bu, hukuki olabilir ama ahlâki midir?

Bu şartlar altında Atatürk'ün kurduğu Cumhuriyet'i neyle değerlendireceğiz, nasıl değerlendireceğiz? Cumhuriyet ırkçı bir milliyetçilik mi yapmıştır? Öyle yapsaydı Türkmen çoğunluk söylediğim durumda olur muydu?

Atatürk milliyetçiliği kavmiyetçi bir duyarlılık getirse ve devletin temeline yerleştirseydi, o günden bugüne ağırlıklı olarak Türkmen kadrolaşma görmemiz gerekmez miydi?

İşin aslı şudur ki, Atatürk ırkçılık yapsaydı, hele ondan sonraki yönetimler bilinçli bir milliyetçi siyaset izleselerdi belki de şimdi hiç kimse Türkiye'de 'başka kimlik' kavgası yürütme zemini bulamazdı.

Az önce bir cümle ile değindiğim fantastik ırkçı eğilim belirtisi olarak, Atatürk'ün de katıldığı 'kafatası ölçme' eğlentileri, Türkiye ve Türk düşmanı bazı çevrelerce kast-ı mahsusa ile istismar edilmekte ve abartılmaktadır. Kısa bir dönem küresel rüzgârların da etkisiyle kimin hangi tür kafatası yapısına sahip bulunduğunu merak etme göstergeleri, Atatürk için rakı masasındaki muhabbetin mezesi olmaktan ileri anlam taşımıyordu. Gazi çevresiyle mi, çağıyla mı, ırkçılıkla mı, yoksa bizatihi kendi kendisiyle mi eğleniyordu bilemeyiz ama bu fantezinin çok ciddi bir arayış olduğunu söylemek mümkün değildir. Öyle olsaydı kafatası ölçümlerine göre Türkçü bir yönetim anlayışına yönelir, o zaman da İnönü başta olmak üzere çevresindeki sayısız arkadaşını siyasetin çöplüğüne yollardı.

Hayır, aksine Gazi, kimin hangi kökenden geldiğini bilmesine rağmen, her insan gibi önce kendisiyle ilişkilerine göre bu kadroyu değerlendirmiş, yönlendirmiş, yükseltmiş veya tasfiye etmiştir. Türkçü bir bakışla hakkında uygulama yaptığı herhangi bir insan yoktur. Fakat köküne kadar 'milliyetçi' bir tavır olarak 'milli çıkarları gözetme' duyarlılığının ders kitabını yazarcasına çarpıcı bir siyasi hayat yaşamıştır.

Atatürk'ün başlangıçta birlikte olduğu İttihat ve Terakki'ye de zamanla karşı çıktığını biliyoruz. Bu, Atatürk milliyetçiliği ile İttihat ve Terakki'nin milliyetçiliği arasında bir fark bulunduğu anlamına gelir mi?

İttihat ve Terakki, bir tek beyinle oluşan ve yaşayan bir yapı değildi ki. Hem zaten Mustafa Kemal de başlangıçta İttihat ve Terakki mensubudur. Bütün acar subaylar oradadır. Zira bu acar subayların hepsinde, büyük bir milletin çocuğu olarak hazmedilemeyen yenilgilerin, gerilemelerin ve ezilmelerin etkisiyle oluşmuş bir ruhsal karakter vardır:

Bunların hepsi birer 'halaskâr' (= kurtarıcı) kahraman adayıdır.

Böyle oldukları için de Sultan'a veya yönetim biçimine yönelik eleştirici bir ana bakış etrafında birleşiyorlardı. Nasıl bir milliyetçilik güttüklerini o günler için kendileri de bilmiyorlardı ki. Onların o günkü derdi, Osmanlı devletini yıkmak ve yenisi kurmak değil, küçülmekten, dağılmaktan kurtulmaktı. Bunun karşılığı olmaya en uygun deyim, milliyetçilik değil vatanperverliktir. Atatürk, İttihat ve Terakki'ye de bir süre sonra eleştirici bakışla yaklaşmaya başlamıştı. Bunun bir sebebi, emin bulunduğu kendi hedeflerine baskın çıkacak nitelikteki İttihat ve Terakki liderliğiydi. Orada kendisinden önce üst konum almış şahsiyetler vardı ve bunlar Mustafa Kemal'in yırtıcı kartal gibi yükselebilecek biri olduğunu görüyor, karşı tavır geliştiriyorlardı. Onun için İttihat ve Terakki ile ilişkilerini zayıflatması ve sonra da tamamen kesmesi, siyasi ve fikri bir ayrılıktan ziyade şahsi bir mesele de sayılabilir. Pek muhtemeldir ki Atatürk, İttihat ve Terakki'nin üst kademesindeki şahsiyetleri devletin karşı karşıya bulunduğu sıkıntılarla baş edebilecek çapta görmüyordu. Böylece ister istemez onları, kendisi gibi büyük bir askeri ve siyasi yeteneğe engel teşkil eden 'yol kesiciler' olarak görmüş olabilir. Ayrıca Atatürk, İttihat ve Terakki'nin Türk ordusunu ve askerlik mesleğini hızla çürütmekte olduğunu en erken görenlerden birisidir.

Peki Atatürk'ten sonra devlet, milliyetçi bir çizgi takip etmiş değil midir?

Hiç ilgisi yok. Atatürk'ten sonra milliyetçi uygulama nerede görülmüştür? Belki herkes milliyetçi olduğunu söylemiştir, ama milli kültür konusunda hiç kimsenin kalıcı bir duyarlılığı görülmemiştir. Eğer bir ülkede milliyetçilik varsa, milliyetçi bir siyaset varsa önce milli bir kültür hassasiyeti olması lazımdır. Gerisi gösteridir ve sadece oya yönelik manevradır. Başka bir anlamı yoktur.

Türkiye'de milli kültür açısından ne yapılmıştır? İstisnai birkaç uygulamanın dışında kayda değer hiçbir devlet politikası görmüyoruz. Türkiye, harf inkılâbı dolayısıyla nesillerinin istifadesinden çıkmış olan muazzam tarihi kaynağı, birikimi yeni nesillerine aktarmada dahi ciddi bir gayret göstermemiştir. Milli Eğitim Bakanlığı, Süleyman Demirel'in ilk dönem Başbakanlığı sırasında bir ara 'Bin Temel Eser' tasarısını başlatmıştır ama birkaç kitaplık adımdan sonra işin arkası gelmemiştir.

Aslında Türkiye Cumhuriyeti devletinin -bir 'milli kültür' politikasının olmasından geçtim- kültür politikası dahi olmamıştır. Güvenlik veya mesela enerji politikası olmadığı gibi...

Aynı şekilde Türkiye'nin sadece milli bir dış politikası yok değildir; herhangi bir şekilde dış politikası yoktur. NATO'ya girdiğimiz andan itibaren önce bir milli dış politika ve milli güvenlik politikası gereğini bile inkâr yoluna girdik... Süreçte büsbütün politikasızlığa demir attık. Şimdi devleti yönetenlerin veya hasbelkader bazı yetkileri kullanabilecek makamlara gelenlerin kafasında, 'Acaba NATO hükümranlığından çıkarak AB hükümranlığına girsek daha mı iyi olur?' türünden soru işaretleri belirmiş bulunabilir. Bazıları da akıllarından şöyle geçiriyor olabilirler meselâ:

'İki ayrı dış hükümranlık türünün altına birden girersek acaba her ikisini de sulandırmış olur muyuz? Yani hem NATO üyesi, hem AB üyesi olarak bağımsızlığımızı iki ayrı dış hâkimiyete birden devretsek, ikisinin arasındaki rekabetten bir çeşit yeni nesil 'milli hâkimiyet' çıkartabilir miyiz?'

NATO oyuncağı olmuş bir devleti yönetenlerin, üstüne bir de AB oyuncağı haline gelmeyi hedef seçebilmeleri için yapılabilecek en makul tevil herhalde budur.

Bir AB'ci ahkâmcı 'Türklerin egemenliğini ellerinden alabilmek için onları çok ustaca kandırabilmeliyiz' diyor. Bunu nasıl yapmaları gerektiğini de söylüyor:

'Türklere çok yüksek bir şey vereceğimizi söylemeliyiz.'

Senin söylemene ne hacet efendim; bizim içimizden devşirilmiş AB tetikçileri söylüyor zaten:

'Egemenliğimizi tam olarak devretmiyoruz ama karşı taraftakilerle birlikte hem kendimizinkini, hem de onların egemenliklerini paylaşıyoruz; buna karşılık dünyanın başka hiçbir yerinde bulamayacağımız bir cennete üye kabul edilmek şerefine ulaşıyoruz!'

Hikâye budur.

Bırakınız milli dış politikası olan bir ülkeyi; dış politikası olan bir ülke, Türkiye'nin yaptığı gibi, aldatmacılık bütün çıplaklığı ile ortada iken, AB üyeliği ham hayalinin peşinde koşar mı?

Böyle bir devlette hangi milliyetçilikten söz edeceksiniz?

İleride tartışacağım gibi ancak 'ayinsi milliyetçilik' yapılabilir, sadece nutuk atılabilir!

Oysa Cumhuriyet'in ilk dönemlerinde bütün zorluklara ve galip düşmanlarımıza vermiş bulunabileceğimiz muhtemel gizli tavizlere rağmen elden geldiğince milli bir politika izlenmeye çalışılmaktadır. Bunun en önemli göstergesi, Gazi'nin Ankara'ya ve bütün ülkeye aşılamaya çalıştığı 'kendi kendine yeterlilik' iradesidir. Nitekim bu uğurda, bütün zorluklara ve kıtlıklara rağmen bilinen yatırımlar yapılmıştır. Dış politikada milliyetçi duyarlılık, Hatay meselesinde çok kesin hatlarıyla ortadadır ve başarıyla sonuçlanmıştır. Aynı şekilde Kerkük ve Musul, hatta yine Misak-ı Milli hudutları içinde bulunan Batı Trakya konusunda devlet, güçlü ve derin bir muradı yaşatmaya devam etmiş, şartlar elverdiğince gereğine başvurma yolunu zorlamıştır. İngilizlerin Kerkük ve Musul konusundaki kararlı tutumları ve her türlü melânete başvurabilecek durumda olmaları, nihayet Doğu Anadolu'da ayaklanma çıkarttırmaları, Ankara'nın bu hususta önünü kesmiştir. Yalnız bu milli, millici veya milliyetçi çizgi asla ırkçı ve Türkçü bir yönelim değildir.

Yeri gelmişken burada günümüzün bazı ayrılıkçı ve ırkçı fitne erbabının iddia ettiği gibi Cumhuriyet'in önce iki uluslu bir devlet olarak tasarlandığı, daha sonra Mustafa Kemal'in bundan cayarak Kürtçü siyasetçi ve aydınlara verdiği sözleri yerine getirmediği palavrasını da tartışmalıyız.

Mustafa Kemal, Milli Mücadele'nin başlangıç aşamasında milletin bütünlüğünü sağlayabilmek açısından ulaşabildiği bütün unsurlara, onların gönüllerinde yatan aslanları avutacak şekilde şartların gerektirdiği birtakım vaatlerde bulunmuş olabilir. Ama bunlara dayanarak yeni Türkiye'nin bir Türk-Kürt ortak devleti şeklinde örgütleneceği teminatının verildiği hükmünü çıkarabilmek için herkesi aptal yerine koymaya kalkışacak kadar küstah ve tabii aptal olmak gerekir. Kürt unsurları, Osmanlı'dan kalacak Anadolu coğrafyasındaki yeni küçük anayurt topraklarındaki devletin yarı yarıya ortağı olarak öngörmek mantıkla bağdaşır mı? O günün şartlarında on milyonluk Anadolu nüfusunda Kürt unsur yüzde beş iken, hadi en hayali rakamla yüzde on iken, böyle saçma bir iktidar paylaşımı hangi hesaba dayanmış olabilir? On milyonluk kitlenin -en aşırı hesapla- bir milyonu Kürtlerden, dokuz milyonu ise Kürt olmayanlardan meydana gelmişken, dokuz ile bir nasıl yeni Türkiye devletinin eşit kurucu ortağı olacak, Belçika'nın Valon ve Flaman paylaşımını çağrıştıracak tarzda bir yapılanma mı düzenlenecekti? O sıralarda Kürt kardeşlerimizin ellerinin altında çağın en ileri silahları mı vardı veya Osmanlı'nın son muharebelerine hiç katılmamış, dolayısıyla yıpranmamış asker kuvvetler mi bulunuyordu da, Atatürk sırf onları Milli Mücadele'ye katabilmek uğruna Türkiye'yi eşit ortak olarak birlikte kurmayı taahhüt etmişti?

Mustafa Kemal Paşa dâhil hiç kimse Türkiye için böyle bir taahhütte bulunamazdı. Zira daha miladi onuncu yüzyıldan itibaren Anadolu'nun batı kaynaklarındaki adı 'Turqia'dır.

Hadi, Batı ve Orta Anadolu ile Doğu Anadolu'yu tarihi bir bütünlük içinde görmüyorsunuz diyelim. O zaman da Doğu ve Güneydoğu Anadolu'daki son bin yılın siyasi tarihinde en çok iz bırakan güç -benim tanımıma göre Kürtleri de içerecek şekilde- Türk milletidir. Bu iki bölgede hiçbir zaman Kürtlerin oluşturduğu bir siyasi hâkimiyet de olmamıştır. Böyle bir ortamda kurulacak yeni devleti Türkiye olarak adlandırmaktan ve Türklerin devleti olarak tanımlamaktan başka bir beklenti, o zamanki Kürtçü siyasetçiler ve Atatürk de dâhil hiç kimse için mantıklı ve gerçekçi değildir. Fakat hiç şüphe yok ki Türkiye Cumhuriyeti'nin içeride ve dışarıda 'Türklerin devleti' olarak tanımlanması ve algılanması, Atatürk'ün Türklük üzerine ırkçı bir devlet öngördüğü anlamına gelmez. Nitekim Atatürk döneminde yapılan isyanların ardındaki yabancı parmağını bir kenara bıraksak bile, iç gerekçe, asla ırkçı bir ayrımla ilgili değildir. Fitne tarihçileri aksini söyleseler de bu isyanlar, Kürt vatandaşlara Kürt oldukları için devletçe yöneltilen sistemli bir kötü muamele üzerine çıkmış, çıkartılmış değildir. Cumhuriyet devrimlerinin dindar Kürt insanı üzerinde istismara açık pek olumsuz bir dalga yarattığı tartışma götürmez bir gerçek iken, Atatürk'ün sözde ırkçı ve Türkçü yönelimini kendi ırkçı söylem ve eylemlerine gerekçe gösteren ayrılıkçı fitne erbabının tezi, profesyonel bir propaganda sahteciliğinden ileri anlam ve değer taşımaz.

Aslında bu yaveleri sorgularken, isyanların arkasındaki kışkırtıcı dış dinamiği örtme çabalarını gözden uzak tutmamalıyız.

Yukarıda değindiğimiz gibi devrimler, dindar Kürtler üzerinde olumsuz etkilere yol açmıştı. Peki ama Anadolu'da sadece Kürtler mi dindardı?

Öyleyse biricik gerekçe veya en önemli gerekçe olarak devrimlerin dindarlar üzerindeki etkisine sarılmak namuslu bir yorum değildir. Sağır sultan bile bilmektedir ki Şeyh Sait isyanı patlak verdiği zaman, Türkiye İngiltere ile Lozan'da ertelenmiş 'Kerkük-Musul Meselesi' için yeni pazarlık sürecine oturacaktı. Kaldı ki isyanın arkasındaki İngiliz parmağının kanıtı sadece bu zamanlama değildir. Mahkeme zabıtlarına geçmiş veya geçmemiş pek çok ifade, isyanın ardındaki İngiliz manevrasını belgelemektedir.

Esasen Şeyh Sait'in Kürtlüğü de tartışmalıdır.

Bu zat Zaza değil midir? Zazalar ve Kürtler, Türklerle Orta Asya'da bile birlikte olmuşlardır ki bu, günümüzün en hayati gerçeklerinden biridir.

Yenisey'de 'Ben Kürt beyi Alp Urungu....' diye o zamanki Türkçe ile kazınmış bir yazıtın bulunmuş olması, esasen, bu meseledeki önyargılı ve fitneci sözde bilim karmaşasına bomba gibi düşmesi gereken bir gerçek değil midir?

Şüphesiz ki bir topluluk, kendini ne sayıyor ve ne sanıyorsa onu esas almak zorundasınız. Bilimsel olarak Türklerle Kürtlerin akrabalığını kesin bir gerçek saysanız da bu zorunluluk değişmez. Kişi kendisini ne olarak tanımlıyorsa odur. Fakat daha Çarlık Rusyası'nın sıcak denizlere inme rüyası, Paris Anlaşması yüzünden Boğazlar'dan doğuya, Basra Körfezi hedefine yönelince Moskova tarafından başlatılan siyasi Kürtçülük hareketinin yapay bilimsel temelini sorgulamak da her namuslu insanın borcudur.

Urmiye ve Erzurum'a 'Kürt ayrılıkçığının temellerini atsınlar' diye Moskova'nın gönderdiği ünlü konsolosların hikâyelerini ve sözde bilim maceralarını bilen Atatürk'ün, Doğu ve Güneydoğu Anadolu'daki bazı halk önderlerine iki ortaklı bir devlet yapılanması için söz verdiğinden dem vurmak, tarihi Rus senaryosunu devralan İngilizlerin ve AB derin fitnecilerinin emellerine hizmet etmeye çalışmaktan başka bir anlam taşımaz!

O ortamda sömürgeci devletlerin bölgeyi kaşıyacağı apaçık meydanda iken Atatürk'ün, tekil devlet fikrine aykırı bir taahhüde girmesi mantığa sığmaz.

Bu itibarla Atatürk'ün tercihi, evet 'millici' bir uygulamadır. Fakat bu Kürt unsurunu dışlayan ve azınlık kılan ırkçı bir uygulama değildir. Bölgede -bilinen yabancı tahrik ve teşvikleri ile- patlayıp gelişen isyanın sert müdahale ile bastırılmış olması, gurur ve zevkle gerçekleştirilen keyfi bir cezalandırma girişimi değil, zorunluluktu. Elazığ'ı işgale kadar varan isyan sırasında yapılan çapulculuk ve mezalim, sert askeri müdahaleyi kaçınılmaz kılmıştır. Evet, müdahalede yer yer taşkınlık boyutuna varan sertlikler görülmüştür ama bunu Türkiye Cumhuriyeti devletinin sabıkası ve sonraki bütün aşırılık ve eşkıyalıkların sebebi sayanların fikri ve ilmi dürüstlüklerinden söz edemeyiz. Bu isyan, sade vatandaşın pantolonunu ve ceketini dahi soyacak kadar sefil ve ölçüsüz güruhların baskın çıktığı bir kalkışmaydı.

Onun içindir ki 'devrimlerin dindarları isyana sürüklediği' yolundaki gerekçe, çok anlamlı ve her şeyi açıklayıcı değildir. İsyana öncülük eden bazı kişiler belki dini heyecanlarında samimidirler ama bu nokta, ayaklanma geliştikçe dinin temel ölçülerine aykırı davranışların yoğunlaşmasını önlemeye yetmemiştir. Böyle olduğu için de dinin siyasete ve serkeşliğe alet edildiğine hükmetmek geçerlilik kazanabilmektedir. Çok çirkin işler yapmış, Kürt kökenli olan veya olmayan pek çok kimsenin canına, malına ve ırzına tasallut edebilmiş bir güruhun ayaklanmasına, siyasi veya kültürel hak arama hareketi gözüyle bakabilmek için barbarlığı doğal sayacak kadar ilkel dürtülere mahkûm bulunmak gerekir. Nitekim bugün bazı ırkçı Kürt aydınlarına sorarsanız, devlet kötülük yaptığı için böyle bir isyan çıkmıştır. Hatta bunların bazıları, Mustafa Kemal'in Kürtçülere verdiği söz tutulmadığı için böyle bir isyanın çıktığını söyleyebilmektedirler. Kimine göre ise devlet, Kürtlerin güçlü dini inanışlarını tahrik eden inkılâplar yaptığı için doğal bir halk hareketi olarak isyan patlamıştır. Ne var ki bütün bu yorumlar asli sebep olan İngiliz manevrasını örtmeye yetmemektedir.

O isyanda 'dini gerekçe' ile harekete geçenlerin din konusundaki gerçek durumları, biraz da günümüzde 'milliyetçi oldukları için' bazı cinayetleri işledikleri öne sürülen gençlerin milliyetçilik konusundaki gerçek durumlarını hatırlatmıyor mu? Bu gençlerin milliyetçilik hakkında doğru dürüst bilgi sahibi olmadıkları halde milliyetçi-muhafazakâr geçindiklerini görebiliyoruz.

Haklısınız. Her aşırılığın hakiki veya sahte, samimi veya göstermelik birtakım ideolojik, siyasi veya dini gerekçeleri olabilir.

Bu şartlarda ülkemiz gençliğine nasıl bir milliyetçilik önerebiliriz?

Kestirme yoldan gitmeye çalışarak, gençlerin daha iyi anlayabileceği, daha kolay mukayese yapabileceği verilerden hareket etmekte yarar vardır.

Bir örnek olarak kıraçlık yüzünden her yıl kaybettiğimiz toprak konusunu ele alalım.

Hangi anlamda olursa olsun kendisini 'milliyetçi' diye tanımlayan her genç, ülkesinin toprak kaybına uğramasından büyük üzüntü duyar, böyle bir şeyle asla karşılaşmak istemez. Oysa bugün birçok genç Hakkâri'nin dağ ucundan on metrekarelik bir kayalığın kaybedilmesini büyük bir milli onur meselesi edinebilir, bunun için eylemler yapabilir, hatta o kaya parçasını tekrar fethetmek uğruna şehit olmayı göze alarak savaşa gidebilirken her yıl erozyon yüzünden Kıbrıs adası büyüklüğünde bir vatan toprağını, ama kaya parçasını değil, on binlerce yılda oluşabilmiş hakiki toprağı kaybetmemiz karşısında kılını bile kıpırdatmıyorsa, onların milliyetçiliği beş para eder mi?

Bence etmez.

Ülkesindeki çevre kirlenmesi ve canlı türlerinin yok olması karşısında en küçük bir etkinliğin içinde yer almayan bir gencin milliyetçi duyarlılığı henüz sıfır noktasındadır. Bu gibi kayıplar karşısında genç olarak elinizden fazla bir şey gelmeyebilir ama kayıtsız kalıyor, dertlenmiyorsanız sizin milliyetçiliğiniz hiçbir anlam ve değer taşıyamaz.

Bu kafada bir gençlikten ne hayır gelir?

Onlar yarın kayalıktan ibaret bir Anadolu toprağı üzerinde 'Burası bizim vatanımızdır, terk etmeyiz' diyerek yaşamaya devam ederler mi? Hayır, bir an önce kendilerine başka yurt bulurlar. Gözünüzün önünde kayalığa dönüşen bir ülkeniz varken onun fiziki geleceği için hiçbir şey yapmadan neyin milliyetçiliğini güdebilirsiniz?

Üzerinde ekilebilir bir toprak olmayan kara parçasını ne yapacağız?

Bir çakıl taşını vermezmişsin. İyi de toprağını suya verip denizlere salıyorsun.

Sonra ne yapacaksın milliyetçi delikanlı?

Bu sefer de Orta Asya'ya doğru, tersine göç edeceksek ne kıymeti var bu vatan için milliyetçilik heyecanı taşımanın?

Delikanlı Marlboro içerek milliyetçilik yapacak.

Kolalı içeceksiz yemek yiyemeyecek, milliyetçilik yapacak.

Böyle milliyetçilikler, gerçek vatan ve millet sevgisini sulandırmak, hakiki milli duyarlılık sahiplerini aşağılık duygusuna sürüklemek arzusuyla ürettirilmiş kampanyalar olsa gerektir.

Gerçek millici bir duyarlılığın önüne kesmek için böyle pespaye milliyetçilikler üretmek bir tezgâh bile olabilir. Hakiki millet ve vatan sevgisini, başıboş bazı gençlerin ucuz milliyetçilik naralarının altında heba etmektir bu.

Son meşum olayda medya, 'milliyetçi katil' söylemine sarıla sarıla, bir kısım eğitimsiz gençleri 'Aslan Oğün' duygusuna sürüklemiştir. Belli ki birileri Türkiye'de başıboş ve sapkın bir milliyetçi gençliğin meydanları doldurmasını, hakiki vatan ve millet sevgisinin de bunların şahsında lânetlenmesini istiyor.

Dink cinayetinden sonra Oğün Samast isminin çerçevesinde bütün milliyetçilere yönelik suçlamalar, Türk gençliğinin tamamına zarar veriyor. Pek çok genç 'Bu köksüz ve kökten batıcı medya madem lânetliyor, öyleyse Oğün Samast aslında iyi biri' diye düşünmeye sürükleniyor. Bunun bir proje olması ihtimalini gözden uzak tutmam.

Tamam, biliyoruz ki gazete ve televizyonlarda gündelik haber ve yorumlara imza atanların pek çoğu aptallık düzeyinde cahil ve duyarsız olduğu için böyle kampanya dönemlerinde çok da bilinçli bir yayın dalgası söz konusu değildir. Medya adamı genellikle rüzgâra göre haber ve yorumlara sarılır, minnacık farklarla tekrar tekrar aynı nakaratı haykırır. Fakat yine de böylesine tehlikeli sonuçları olabilecek söylem kampanyalarının sadece aptallıkla açıklanması makul değildir. Burada bir proje ihtimalinden şüphelenmek, sorgulamak ve araştırmak namuslu aydının borcudur.

Bu olayda Amerikalıların yeni icat ettikleri 'yalnız kurt vakası' ile ilgili bir manevra değeri bulunabilir. Bu 'vaka' güya tesadüfen keşfedilmiş...

Uzmanlar Kaide eylemlerini araştırırken bir de bakmışlar ki bazı terör olaylarını bağımsız birtakım gençler kendi başlarına gerçekleştirmişler. Bunlar, İslâm ülkelerinin itilmiş, kakılmış eğitimsiz ve işsiz gençleri olarak her türlü kanlı eylemi işlemeye müsaitmişler.

Bu 'izah'ları yapanlara terör uzmanı deniyor.

Oysa bunlar istihbarat uzmanı.

Demek istiyorlar ki, bizim melânetlerimiz sayesinde İslâm dünyasının şurasında burasında bir sürü öfkeli ve başıboş genç oluşmuş bulunuyor. Bunların öfkelerini kullanalım, gizli servislerimize işlettireceğimiz tezgâhlarda böyle gençleri tetikçi yaptıralım.

'Yalnız kurt' diye tanımlayacağımız bu gençleri türlü tekniklerle dolduruşa getirmek ve arzuladığımız fitnelerin patlaması için kundakçı olarak kullanmak çok kolaydır. Hem daha ucuz bir yöntemdir bu, hem de çifte getirisi vardır. Zira böyle gençler kolay yakalanırlar veya kolay yakalanmalarını sağlarız; böylece temsil ettikleri değerler üzerinden milli duyarlılıkları köreltme kampanyası başlatabiliriz. Her yalnız kurt, ya kökten dinci veya aşırı milliyetçi bir mensubiyetle karşımıza çıkacağı için, böylece bütün dindarları ve bütün millici güçleri toplu terör lânetinin suçlu camiaları haline getirebiliriz.

ABD'nin düşünce kuruluşları(?!) 'bilimsel tespit' görüntüsü altında esasen gizli servislerine yeni bir melânet yöntemi tavsiye etmiş oluyorlar.

Ogün Samast böyle bir 'yalnız kurt' örneği olarak bütün bir camiayı zan altında bıraktıracak eyleme imzasını atıyor...

Hapishanedeki koğuşları ziyaret eden müfettişler Abdullah Çatlı'nın hayatını anlatan kitaplarla karşılaşıyorlar. Çatlı, Türk gençliği için nasıl bir örnek?

Merhum Abdullah Çatlı, sadece ülkücüler veya bu çizgiye yakınlık hissedenler için değil, solcu ve İslâmcı olmayan eğitimsiz Türk gençliğinin büyük bir bölümü için de efsaneleşmiş bir isim. Bu durum fikrimce Türkiye Cumhuriyeti'nin devlet olmaktan çıkması ile ilgilidir. Zira hemen her zaman edilgin davranan, kendisini doğrudan ilgilendiren herhangi bir kötülük vuku bulana kadar olaylara seyirci kalan, kişilikli siyasi ve stratejik tepki koymakta aciz görünen devlet, genç insanlarına övünebilecekleri siyasi veya askeri bir örnek sunamamaktadır. Genç ve ateşli insanların geçmişten herhangi bir şahsiyeti örnek alıp hayal güçleri ile güncelleştirmelerine ve geleceğe onun çizgisinde yürümelerine ortam hazırlayacak bir milli kültür ve tarih siyaseti de yok. Yakın tarihe bakınca da Atatürk'ün ulaşılmaz bir tanrı olduğuna şartlanmamız istendiği için onun taklit edilebilir ve izinden gidilebilir bir önder olarak algılamasını ve kendisinden ilham alınabilmesini imkânsız hale getirmiş bulunuyoruz. Böyle bir ortamda genç Türk insanı Abdullah Çatlı hakkında konuşulan ve yazılanlara kulak kabarttığında ilginç bir macera ile karşı karşıya geliyor:

Nasıl bir macera bu?

Hayatının bir döneminde, daha doğrusu gençliğinin baharında, yedi sol görüşlü öğrencinin katledilmesi eylemine birinci dereceden fail olarak katıldığına hükmedilmiş bir delikanlı... Bu bahtsız solcu gençlerin sadece ideolojik tercihleri yüzünden öldürülüp öldürülmedikleri, ülkenin başka bir yerinde katledilmiş ülkücülere karşılık çarpık bir misilleme mantığı içinde kurban seçilip seçilmedikleri veya ülkeyi ihtilale sürüklemek isteyenlerin günlük can kaybı sayısını büyütmek üzere kurguladığı karmaşık bir tezgâh sonucu imha edilip edilmedikleri ayrı meseledir. Ortada kahreden bir gerçek vardır: Yedi sol görüşlü öğrenci katledilmiş ve Abdullah Çatlı'nın da olayla ilgisi bulunmuştur.

Ne var ki günümüz gencinin merak edeceği macera burada bitmiyor. Abdullah Çatlı'nın devlet tarafından ASALA'ya karşı yürütülen mücadelede bir şekilde kullanılması, sol aydınlar tarafından küçümsense de, kimsenin inkâr etmediği yeni bir boyut olarak dikkati çekmektedir.

Dün bir katliamdan hükümlü iken, sonrasında devlete yaptığı şu veya bu önemde bir hizmetten dolayı Abdullah Çatlı Türk gençliği için bir kahraman örneği olarak baş tacı ediliyorsa, orada bir büyük mesele var demektir.

Orada devlet küçülmüştür.

Orada 'Çin Sarayı'nı basan Kürşat' gibi eski efsanevi kahramanlardan yola çıkmış milliyetçi çevreler çok basit durumları yüceltecek kadar sığlaşmışlar demektir.

Şüphe yok ki Abdullah Çatlı çok soğukkanlı, çok cesur, baştan itibaren düzgün işleyen bir devletin gizli servisinde parlak kariyer yapabilecek çapta bir insandı. Fakat kaderi, O'nu her milliyetçinin baş tacı etmesini kolaylaştıracak şekilde gelişmedi.

Bir kere Abdullah Çatlı'nın ne yaptığını ayrıntılı biçimde bilemiyoruz.

ASALA'yı tek başına yıkmış bir kahraman olmadığı çok açık.

ASALA'nın, Türkiye Cumhuriyeti devleti tarafından üstünde iyi çalışılmış bir karşı senaryo ile yok edilmediğini de biliyoruz. Sanki PKK'nın vahşet nöbetini devralması ile ASALA kendi kendini feshetmiştir. Nitekim Mahir Kaynak gibi bazı uzmanlara göre ASALA, kurucu ve kullanıcıları tarafından sahneden çekilmiştir. Yine aynı zata göre ASALA'nın arkasındaki irade, tam olarak Ermeni diasporası bile değil, onları da tetikleyen daha üst düzey bir oyuncudur.

Öyleyse Abdullah Çatlı neyi, nasıl yapmıştır? Acaba milliyetçi gençler son dönemlerdeki kahramansızlıktan dolayı bir kahraman bulma ihtiyacını gidermek için karanlık vadilerde iş görme yeteneği elverişli bir şahsiyet olarak Çatlı'ya mı sarılmışlardır?

Kaldı ki Çatlı'nın ASALA'yı tek başına imha ettiğini benimsemiş olsak bile, öldürülen yedi solcu genci ne ile açıklayacağız? 'Onlar da aslında devletimizin düşmanı, başka güçlerin elemanı idiler' mi diyeceğiz? Yoksa basite indirgeyerek 'Canım ne olacak, o şiddet çığırında karşı taraf da binlerce ülkücüyü öldürüyordu, bunların da aynı mekânda yedi genci katletmeleri niye büyütülüyor?' mu diyeceğiz? Çatışmasız, aksine pusu kurarak, silahsız insanları öldürmeyi Türk yiğitlik örfüyle nasıl bağdaştıracağız?

Çatlı, yargı kararı ile bu cinayetlerden aklanmadığı sürece sağdaki veya soldaki günümüz gençleri için aynı zamanda bir 'katil' değil midir? Bir kişi ülkesini yönetenlerin vereceği talimatlarla düşman hedeflere karşı tetikçilik yaptığı zaman katil olmaktan çıkar mı?

Abdullah Çatlı ya katildir veya değildir.

Bir katil hiçbir şekilde kahraman olmamalıdır. Katil değilse buna her milliyetçinin ikna olması, bundan emin bulunması lazım. Aksi halde bu durum milliyetçiler için ciddi bir sorundur.

Daha sonra, Susurluk'ta gördüğümüz manzarada, merhum Abdullah Çatlı'nın ortaya çıkan ilişkileri bugün 'milliyetçiyim' diyenlerin benimseyeceği ilişkiler değildir.

Şahsi fikrimce Abdullah Çatlı olağanüstü cesur, soğukkanlı bir MİT görevlisidir. Yine kanaatimce 12 Eylül'e gelinen süreçte Abdullah Çatlı'yı ülkücü gençlik içinde sivrilmiş görürüz. Fakat bu onun MİT görevlisi olarak yetiştirildikten sonra devlet tarafından -nasıl ve kimin devleti ise- ülkücü hareketin içine sokulup sokulmadığı sorusunu anlamsız kılmaya yetmez. Tabii bu ihtimal doğru ise, yani Çatlı önce MİT görevlisi ise veya MİT ile bir şekilde bağlantılı bir eleman ise, o zaman kendisinin 12 Eylül öncesindeki bütün eylemleri ve tabii bu arada Bahçelievler katliamı, ülkücülerin benzeri bütün eylemlerinden daha ağır bir anlam kazanır. Zira bu durum provokasyon görevi gibi bir ihtimali gündeme getirmektedir. Ayrıca MİT ile bağlantılı birilerinin böyle eylemlerde birinci tetikçi veya azmettirici konumunda bulunabilmesi, 12 Eylül darbesini hazırlattıran Amerika'nın taşeronlarından birinin de bu devletin resmi istihbarat kurumu olduğunu gösterir.

Nereden bakarsak bakalım, kendilerini milliyetçi olarak tanımlayanlar açısından Abdullah Çatlı olayı, sorgulanması ve derinlemesine incelenmesi gereken bir olaydır.

Kuşku yok ki Çatlı derin vadilerde hizmet görmek bakımından 007 tipi gizli servis elemanı olmaya, bu yönde çok parlak kariyerlerden birini edinmeye çok yatkın bir yapıya sahipti. Çok cesurdu, sinirleri alınmış denecek kadar soğukkanlıydı, çok zekiydi. Böyle bir şahsiyet, 007 türü eleman kullanmayı tasarlayan ve gerçekleştiren devletler için fevkalade yararlı olabilirdi. Fakat böyle kişilerin kahramanlığı avamın ağzına düşmez. Belki, maceraları tarih olduktan sonra, bu kişilerin hatırasına kahraman muamelesi yapılabilir. Üstelik Abdullah Çatlı henüz tarih de değildir. Ajanlar ancak tarih olduktan sonra kendi ulusları için kahraman payesi kazanabilirler. Meselâ Arapları aleyhimize kışkırtan Lawrens daha 1925 yılında kendi ülkesi ve halkı tarafından kahraman ilan edilemezdi. Gizli görev, fedakârlık gerektirir. Gizli görev, kahraman olmak için yapılmaz. Gizli görev üstlenen kişi, gerektiğinde ülkesi ve milleti için şerefini bile feda etmeyi, devletinin çıkarları gerektiriyorsa meselâ 'hain' muamelesi görmeyi bile göze almalıdır. Bu işlerin doğası böyle gerektirir. Casus veya ajan, her durumda ikili kimlik yaşayan ve açık işleri yanında gizli işleri de olan bir devlet elemanıdır. Öyleyse yaptığı gizli görev, devletinin çıkarlarının gerektirdiği sürece gizli kalmalıdır. Gizli kahramanlıkların varsa bunlar ancak meslek arkadaşların arasında kalacaktır.

MİLLİYETÇİLİK-MİLLİYETSİZLİK

Deli Yürek dizisinin senaryo yazarı olarak en çok karşılaştığım sorulardan biri şuydu:

'Yusuf Miroğlu, Abdullah Çatlı mıdır?'

Her seferinde Yusuf Miroğlu'nun 'Ben kimseden emir almam' diyen efsanevi bir kahraman gibi davrandığını, hiçbir zaman herhangi bir amaçla birilerine tetikçilik yapmadığını söyleyip durdum. Özellikle bağlantı kurulmasını istemediğimi belirttim. Fakat gençlik, özellikle de milliyetçi gençlik, kahraman açlığı içinde kendi camiasından ve geçmişinden birinin Yusuf Miroğlu tiplemesi ile özdeşleşmesini çok istiyordu. Buna hep itiraz ettim. Tabii ki Abdullah Çatlı ile özel bir meselem, kendisine önyargılı bir karşıtlığım yoktur. Belki karşılaşmışlığım vardır ama hatırladığım bir tanışıklık yok. Niye Miroğlu'nun Çatlı olmadığını söyleyip duruyordum. Öyle biri olduğuna inanmadığım için. Sadece bunun için...

Şimdi siz bana diyorsunuz ki mahkûmların elinde Abdullah Çatlı'nın hayatı ile ilgili kitapların bulunması ne anlama geliyor?

Doğal değil mi? Abdullah Çatlı, tutuklanmış insanların kahraman örneği... Üniversitede akademik kariyer yapanların değil, Harp Okulu'nda veya Polis Akademisi'nde eğitim gören gençlerin değil. Vaktiyle katliam yapmakla suçlanmış birinin toplumun bir kesimince kahraman olarak görülmesi, her mahkûmun kendisini onunla özdeşleştirme hevesini açıklar. Bugün ne kadar uğraşırsak uğraşalım, Bah-

Çelievler katliamını Abdullah Çatlı'nın hayatından çıkarmamız mümkün müdür? Çıkaramayacağımıza göre o katliamı ne yapacağız? Vatan hainlerine karşı uygulanması gereken bir eylem gibi mi algılayacağız? Hukuk devletinden yana olan hangi milliyetçi böyle bir algılamayı meşru bulabilir?

Şimdi de Ogün Samast'ı 'kahraman' olarak görenler var.

Kahramanlık algımız, Çin sarayını basan efsanevi Kürşatlardan Çatlılara geldiği için kara kara düşünmemiz gerekirken, şimdiki gençlerimiz Ogün Samastları yüceltebiliyorsa Türkiye ve Türklük adına cinnet karabasanları yaşamamız gerekir.

Niye böyle düştükçe düşüyor, basitleştirdikçe basitleştiriyoruz?

Kahramanlarımızı ve kahramanları sorgulayamadığımız için!

Biz, 12 Eylül'ün ertesi günü şiddet olayları bıçakla kesilir gibi bittiği için darbeci paşaları kahraman gibi görmedik mi? Sonrasında, bu 'bıçakla kesilir gibi biten şiddet' sorgusu ile beraber, o sahte kahramanların aslında neye ve kime hizmet ettiklerini soğukkanlı bir şekilde sorgulayabildik mi?

12 Eylül öncesi için bugün herkes ne diyor? Öyle bir fitne yaşanmış ki, sağcının öldürülmesinde kullanılan silahla solcunun öldürülmesinde kullanılan silah aynı olabilmiş.

Herkes söylüyor bunu ama kimse hesabını sormuyor, kimse açıklamasını istemiyor!

Böyle bir ülkede kahramanlık kavramı çarpıtılmaz da ne olur?

Apaçık söylüyorum: 12 Eylül öncesinde Türkiye, NATO marifetiyle darbeye sürüklenmiştir. Darbeye giden yolun taşlarını örebilmek için Türkiye'nin evlâtları birbirine kırdırılmıştır. Bunun için Gladio kullanılmıştır, Türkiye Cumhuriyeti devletinden maaş alan yığınla istihbaratçı, asker ve polis bu darbenin şartlarını oluşturmak için doğrudan veya dolaylı, açıktan veya gizlice devreye sokulmuştur. Tabii NATO demekle, solcularımızın özellikle görmezden geldiği SSCB payını inkâr etmiş olmuyorum. Türkiye'yi 12 Eylül'e sürüklemek için Moskova da üzerine düşeni yapıyordu. Sol ideolojiyi benimsemiş veya benimsemeye meyilli gençleri SSCB bir şekilde destekliyordu. Hatta belki Moskova bunu yaparken baş düşmanının öngördüğü 12 Eylül darbesi için Amerika'yı desteklemiş olduğunun farkında bile değildi.

O günlerde Türkiye'deki solun iki ana cepheye ayrıldığını da hatırlamakta yarar var:

Bir taraf Leninciler olarak anılıyordu, diğer taraf da Maocular...

Lenincilerin arkasında Moskova vardı.

Maocuların arkasında Çin mi?

Hayır, Amerika vardı. Şimdi bunu adımız gibi biliyoruz.

Nasıl biliyoruz? Şimdi, Türkiye'deki ABD karşıtlığından en fazla rahatsızlık duyan yerli aydınlarımızın eski Maocular olduklarını görüyoruz. Dünün nice Maocusu, ülkemizdeki Amerikan eğitim üsleri olan meşhur kolejlerde okumuştu. Bunların pek çoğu 12 Eylül'den sonra liberalizmin tetikçisi oldular.

Şimdi, dünün Maocusu, bugünün liberalleri olan bu Amerikan tetikçileri tutup da 'Ogün Samast veya benzerleri neden Abdullah Çatlı'nın hayatını anlatan kitabı okuyorlar?' diye soramazlar. 12 Eylül öncesini ve 12 Eylül'ü sorgulatıp yargılatmadığınız sürece bu ayrıntıların üstüne gitmek sahteciliktir, başka tür bir tetikçiliktir. 12 Eylül öncesinin ve sonrasının sorumluları yargılanmalıdır. İlle de cezalandırılmaları gerektiğini söylemiyorum. Mutlaka yargılanmalı ve haklarında -uygulanmamak kaydıyla- cezalar belirlenmelidir. Milletin vicdanına ve tarihe suçlu olarak havale edilmelerini sağlamakla yetinmeliyiz.

Devlet ve millet bilinci böyle bir yargılamayı gerektirir:

'12 Eylül darbesini yapanlar başta olmak üzere, yardım edenlerin tamamı, 12 Eylül öncesinde sağda ve solda gençlerin silaha sarılıp birbirleriyle vuruşmalarını önleyemeyen siyasetçilerin tamamı şu, şu, şu cezalara çarptırılmıştır.'

Öleni ve kalanıyla böyle bir hesap görmek zorundayız.

Tabii bunu 12 Eylül darbecilerinin yaptığı gibi yapmayacaksınız. Sadece sağ ve sol dengesi kurmak değildir bunu yapmak. Bunu yapmak; olayların arkasında ABD'nin ve SSCB'nin lânetli ellerini görmektir; KGB ve CIA'yi görmektir.

Bunu yaptığınız zaman solcu gençlerin de, sağcı gençlerin de masumlukları ortaya çıkar. Türkiye böyle sorgulamaları gerektiği gibi yapana kadar her türden manevralara hedef olmaya devam edecek, çeşitli terör eylemleri ile sarsılacaktır.

Bu kafa yapımızı değiştirmediğimiz sürece birileri Türk çocuklarını birbirlerine kırdıracak, birtakım yerli maşalarla yerli hedeflere yönelik eylemler yapabilecektir.

Ne zamana kadar? Kendi içimizdeki işbirlikçileri bulup teşhir edene kadar!

12 Eylül gecesi sabaha doğru saat 05:00 sularında, ABD Başkanı Carter'ı arayarak 'Bizim çocuklarımız becerdi' diyen İstasyon Şefi Paul Henze'yi sorgulayamayabilirsin, yargılayamayabilirsin. Fakat onun alçak işbirlikçilerini sorgulayıp yargılamadığın sürece sana her zaman böyle operasyon yapmaya devam ederler, edeceklerdir.

Milliyetçilik iddiasında bulunmak, 'milliyetçiyim' diyebilmek için ilk adım bellidir:

Önce kendi memleketinde cirit atan yabancı fitne kadroları ile işbirliği yapan vatandaşlarına karşı caydırıcı yöntemler geliştireceksin.

KİMİN MİLLİYETÇİLİĞİ?

İstiklâl Marşımızda Mehmet Akif, 'Türk' kelimesini hiç kullanmadığı halde 'ırk' kelimesini kullanmış. Oradaki 'ırk' kelimesi sizce ne anlamdadır?

Herhalde oradaki 'ırk' kelimesi, soy anlamında kullanılmamıştır. Neden böyle söyleyebiliyoruz? Mehmet Akif merhumun Arnavut asıllı olduğunu bildiğimiz için. Gerçi bazı Arnavutların Türki kökleri veya Türklerle bağlantıları bulunduğunu söyleyenler vardır ama Mehmet Akif esasen İslâmi inanış ve görüşleri itibariyle kavmiyetçi bir kavram seçmez. Belki vezin gereği öyle zorlanmıştır. Böyle değerlendirmezsek, çağdaşları tarafından 'mağrur bir Arnavut' olarak da tanımlanmış bulunan merhuma haksızlık ederiz. Onun için ırk kelimesine başka bir anlam vermiş olması lazım diye düşünüyorum.

Mehmet Akif'in tarif ettiği millet, aslında daha önce de değindiğim 'Millet-i İbrahim' deyimine uygun bir millettir. Malum bu bölgelerin, bu coğrafyanın, kısacası Osmanlı haritasının üç dini vardır. İslâm, Hıristiyanlık, Yahudilik... Osmanlı coğrafyasında bu inanışların yan veya sivri kolları var ama kayda değer başka bir din yok. Budizm, Taoizm, Zerdüştlük yok... Bildiğimiz üç semavi din olarak Müslümanlık, Hıristiyanlık ve Yahudilik var sadece. Bunlar da son zamanlarda kullanılan deyimle 'İbrahimî dinler'dir. Öyleyse bu üç dine mensup insanların oluşturduğu topluma 'İbrahim milleti' denebilir. Mehmet Akif böyle bir millete mi inanıyordu? Bunu bilemem ama ırk birliğini esas alan bir millet veya toplum anlayışına sahip bulunduğunu söyleyebilmek için hiçbir gerekçemiz olmadığına göre, 'ırk' kelimesini soy anlamında kullandığını öne süremeyiz.

Bu üç din, soy bakımından Sami kökenli kavimlerde doğmuş değil midir?

Bu ne demeye gelir? İbrahim'in oğulları, torunları, kısacası soyu, malum Sami milletleri oluşturmuştur. Kimler meselâ? İbraniler ve Araplar... Fakat Müslüman Türkler Sami değil. Türkler Nuh'un Sam isimli oğlundan değil, Yafes'ten türemiştir ve öyle de inanırlar.

Bu türeyiş nazariyesinden yola çıkacaksak Müslüman Türklerin 'İbrahim Milleti'nden olmamaları lazım. Kur'an-ı Kerim'deki 'İbrahim Milleti' deyiminde bir ırk anlamı aramak mümkün değilse, Mehmet Akif'in bunun aksine bir inanış içinde olmasının mantığı yoktur. Zira Türk, 'İbrahim Milleti'nin içinde kan bağıyla değil, inanç bağıyla vardır. Aynı şekilde Ermeni olsun, Rum olsun, Süryani olsun, Hıristiyanlar da bu millet kavramı içine girerler.

Vatandaşlık bağını birinci ve yeterli belirleyen sayarak oluşturacağımız millet tanımı hukuki ve siyasi açıdan en gerçekçi sayılabilir. Fakat gerçekçi olması, geçerli olmasına yeter mi?

Türkiye Cumhuriyeti böyle bir tanımda ısrar etmesine rağmen ayrılıkçı dürtülerin siyasi, fikri ve sosyal yansıma bulmasının önüne geçememektedir. 'Türkiye Cumhuriyeti'ni kuran halklara Türk' diyoruz. Fakat 'ben dedim oldu' demekle bitmiyor. Atatürk böyle düşündü de oldu mu? 'Ne mutlu Türküm diyene' sözü ile vatandaşlık çerçevesine vurgu yaptı da mesele ortadan kalktı mı? Senelerdir ayrılıkçı çevrelere, ayrıca 'Türk' kimliği yerine 'Türkiyelilik' kimliğini önerenlere, hatta bunu dayatmak için yönlendirmeli anketler yaptıranlara karşı nasıl bir savunma yapıyoruz?

Diyoruz ki, Atatürk 'Ne mutlu Türk olana' şeklinde bir ifade kullanmıyor da 'Ne mutlu Türküm diyene' diyor. Burada bir incelik olduğuna dikkat çekiyoruz.

Nedir o incelik? Atatürk, 'Ne mutlu Türk olana' demediğine göre 'Türkiye Cumhuriyeti'nin vatandaşıyım' anlamında 'Türküm' demeyi yeterli gördüğünü belirtmek istemiştir. Ülkemizin bütün unsurlarını, bütün insanlarımızı bir büyük tasarının eşit ortakları olarak algılamak gerektiğini vurgulamıştır.

'Türk kimliği' ile bütünleşmenin gerekliliğini böyle savunuyoruz.

Peki, savunuyoruz da ne oluyor?

Nice yıllardır kaşınan yapay kavmiyetçi fitne yüzünden bu kimlikte bütünleşmeyi başaramıyoruz. Niye başaramıyoruz? Cumhuriyet'in kurulduğu yıllarda bir kısım insanımızın zihnine başka bir ulusa mensup bulundukları bilincinin temelleri atılmış bulunuyordu. Türk insanının kafasına ayrı ulus bilinci oturtulmuş, her şeye rağmen oturtulmuş.

Denebilir ki Osmanlı çökerken Türk kimliğinde bütünleşmek istemeyen ve ayrılmayı dileyen, bunun için de bin yıldır bütün dünyaca 'Türkiye' olarak tanınan bir ülkeden toprak koparıp başka bir devlet kurmayı hayal eden kesim, Kürt kitlenin çok küçük bir parçasını teşkil ediyordu. Ne var ki, Kürt kardeşlerimiz arasında ne kadar sınırlı sayıda benimseyeni olursa olsun, bir kere böyle ayrılıkçı bir tasarı icat edilmiş bulunuyordu. Benimseyenlerin sınırlı sayıda olması, fitnenin küçük kalmasını ve aşılmasını kolaylaştırmadı. Bu ayrılıkçı tasarının inanmış aydın kadroları teşekkül ettirilmişti bir kere.

Bu neye benzer?

Günümüzde mecazlı bir abartı ile 'Fenerbahçe Cumhuriyeti' deyimini kullananlar yarın bir şekilde 'Biz bambaşka bir kitleyiz, farklı bir kültürümüz ve kökenimiz vardır' diyerek ayrılıkçı bir tasarı örgütlemeye kalkışsalar, yaşayacağımız fitne bundan farklı olmaz.

Hele bir de yabancı büyük oyuncular böyle bir kuruntuya kapılanları sinsice örgütlemeye, maddi yönden desteklemeye başlayacak olsa ortaya şimdikine benzer bir fesat çıkabilir.

Şimdi birileri türlü yalanlarla, hesap dışı rakamlarla Türkiye'de yirmi milyon Kürt kökenli insan bulunduğunu söylüyor, İran, Irak ve Suriye'dekilerle birlikte bölgede elli-altmış milyonluk bir ulusun büyük devlet olma hayalini seslendiriyorlar.

Hiç şüphe yok ki namus ve insaf ehli olanlar, bu rakamların palavra olduğunu biliyorlar. Fakat gerçeğin böyle olması, ülkemizin başındaki fitnenin boyutlarını basitleştirmeye yetmiyor.

Bir ara Başbakan Erdoğan'ın da benimser göründüğü ' Türkiyelilik' kavramı, kimlik sorunu için etkili bir çözümün anahtarı olabilir mi?

Birey olarak böyle bir kavramı asla benimsemem. Fransa'da da Fransızlardan başka kökenden insanlar vardır ama kimse 'Fransızlara Fransız demeyelim, Fransalı diyelim' şeklinde bir teklif ortaya atmaz. Hele bir Fransız Başbakanı asla böyle bir öneride bulunmaz. Bir Alman Başbakanı da 'Artık ülkemizin vatandaşlarına Alman demeyelim, bundan böyle Almanyalı diyelim' şeklinde bir öneride bulunamaz, bulunmayı aklından geçirmez.

Onun için 'Türk' yerine 'Türkiyeli' demeyi önermenin gülünçlüğünü tartışmaya bile tenezzül etmem. Fakat bilsem ki 'Türkiyeli' demekle ayrılıkçı fesat erbabı tatmin olacak, bir daha 'Kürt sorunu' diye bir meseleden söz edilmeyecek, ben de rıza gösteririm.

Hayır, bu öneriyi dayattıranların amacı, önce ülkenin Türk kimliğini imha etmek, ondan sonra da en azından belli bir bölümünün 'Kürt kimliği' adına tescilini kolaylaştırmaktır.

Bu, Türkiye Cumhuriyeti vatandaşlarına 'Türk' dememek için uydurulmuş bir öneridir. Böylelikle Anadolu topraklarının Selçuklu'dan Osmanlı'ya, Osmanlı'dan Cumhuriyet'e, 'Türk ülkesi' olarak gelişini inkâr etmek, tarihi gerçeği yok etmektir.

Selçuklu Türk devleti ise, Osmanlı Türk devleti ise, Türkiye Cumhuriyeti de Türk devletidir. Bunu değiştirmeye kimsenin gücü yetmeyecektir. Bu devletlerin Türk devleti olması, vatandaşlarının tamamının Türk kökenli olmasını kabul etmeyi gerektirmez. Tabii ki ben bugün yine imparatorluk olsaydım, devletimin adını 'Türkiye' koymazdım. Fakat imparatorluk olarak kalamadım. Ancak koca bir imparatorluğu kaybettikten sonra, bin yıldan beri Avrupa'nın da adını 'Türkiye' olarak kabul eylediği coğrafyayı kurtarınca niye başka bir isim arayayım? Bu cumhuriyeti kurarken ana gövdeyi oluşturan Türkmen unsurun yanında bir miktar Kürt, Çerkez, Arnavut vesaire vardı diye adını niye Türkiye koymayacakmışım? Yunanistan toprakları içinde de Türkler var, Makedonlar var, başka küçük azınlıklar var... Kimse Yunanistan'ın 'Grek' adını tartışıyor mu? Grek, oradaki bütün unsurların ortak adı mı? Hayır, ana gövdeyi oluşturanların adı...

Uzatmaya gerek yok; burası Türkiye'dir.

Bu devlet Türk devletidir.

Siz buradaki 'Türk' kavramını ister üst kimlik olarak benimsersiniz, ister benimsemezsiniz. Yapabileceğiniz hiçbir şey yoktur.

Bu devlet Türk devleti olarak kalacaktır.

Bazıları diyor ki 'Efendim öyle söylemeyelim, bir kısım Kürt kökenli insanlarımız Türkiye Cumhuriyeti devletinin 'Türk devleti' olarak anılmasından rahatsızlık duyuyorlar.'

Duymayacaklar efendim.

Niye Çerkezler duymuyor?

Niye Arnavutlar duymuyor?

Dünyanın gerçeği budur.

Kaldı ki bundan sekiz yüz sene evvel Hindistan topraklarında bir devlet kurulmuş.

Yeni Delhi Türk İmparatorluğu...

Büyük Babür İmparatorluğundan öncedir bu.

1200-1300 yılları arasında hüküm sürmüş, Moğol dalgasının dünyayı silkelerken, sınırlarından içeri sokulamadığı tek devlet...

Orada tebaanın belki yüzde onu bile Türk kökenli değildi. Fakat bu devlet tarihte, kurucu kudretin mensubiyeti dolayısıyla 'Yeni Delhi Türk İmparatorluğu' adıyla yerini almıştır.

Bunu hangi güç değiştirebilir?

Türkiye Cumhuriyeti'nin de bir Türk devleti olduğu gerçeğini kimse değiştiremez.

Bugünlerde bir moda var: 'Çanakkale'de düşmana karşı savaşanlar, sadece Türk kökenli insanlarımız değildir' deniyor.

Doğrudur.

Doğrudur, ama savaşanların kaçta kaçı ırk anlamında Türk olmayanlardandır?

Bugün Çanakkale'de şehit olmuş Diyarbakırlı veya Bitlisli insanımızın köken itibariyle Kürt olduğunu kim biliyor? Aynı şekilde İstanbul'dan gidip de Çanakkale'de şehit düşmüş Mehmetlerin içinde Kürt kökenli vatandaşlarımızın bulunmadığından emin miyiz?

1915 yılında ülkemizin neresinde nasıl bir nüfus yapısı olduğuna dair elimizde ayrıntılı veriler mi mevcut?

Esasen Türkiye Cumhuriyeti isminin tercih edilip de, 'Türk Cumhuriyeti' denmemesi, yeterli bir denge seçimidir. Bu seçim Türklerin, kendilerini Türk kökenli hissetmeyenlere verebileceği azami tavizdir, Türklerin cömertliğidir.

Bugün ülkemizde, özellikle gençler arasında bu köken bahsiyle ilgili bir gerilim var. Bu gerilimi nasıl aşabilir, toplum barışını nasıl kökleştirebiliriz?

Bu abartılı bir tartışmadır. Türkiye'nin üzerinde ayrılıkçı bir balon uçuruluyor. Bu bazen havalanıyor, bazen yere yaklaşıyor. Böyle olmasına rağmen birileri 'Bu balon değil, üzerimize doğru düşmekte olan bir büyük göktaşıdır ki ülkemizi parçalayacak' diyor.

Hayır efendim, bu göktaşı olamaz. Göktaşı bazen yan, bazen aşağı, bazen yukarı gitmez, havada süzülmez, göktaşı yer çekimi ile gelir çarpar. Bu ayrılıkçı fitne öyle değil, gelip çarpmıyor, bir balon gibi kâh alçalıyor, kâh yükseliyor. Birileri bizim bunun bir göktaşı olduğuna inanmamızı istiyor, biz de körü körüne benimsiyoruz.

Bir vehimle bizi sindiriyorlar.

Onun için gerilim, söylendiği ve sanıldığı kadar büyük değildir.

Daha da büyüyemez.

Bizim onu büyük algılamaktan vazgeçmemiz halinde çok şey değişecektir.

Bırakmıyorlar ki fitneyi gerçek boyutları ile görelim.

Büyük görelim ve kaçalım istiyorlar.

Medyamızın büyük bir kısmı yanılmayı kökleştirmek için başkalarının emellerine hizmet etmekten geri durmuyor veya sakınamıyor.

Aslında olmayan ama olması gereken gerilimden yana dertliyiz, daha doğrusu dertlenmeliyiz. Türkiye'de genç insanımızı ülkesine bağlayacak değerler üretememekteyiz.

Genç insanımız ABD veya AB için heyecanlanıyor ama Türkiye için heyecanlanmıyor. Türkiye'nin pasaportunu taşımak ona gurur vermiyor. Üstelik bu durum, milli ve manevi değerlere duyarlı yetiştirilmiş veya yetiştirildiği zannedilen gençlerin de pek çoğu için geçerli. Türkiye güzel bir ülkedir ama dünyanın şu veya bu toplumunda tatil için imreniş uyandırır, vatandaşı olmak için değil. Yeryüzünün açlık sınırında yaşayan insanları da 'ABD'ye veya bir AB ülkesine giremiyorum, bari Türkiye'ye kapağı atayım' diyebilirler. Oysa Türkiye büyük tasarıları ile, insanlığa kattığı ve katabileceği değerlerle, estirebileceği insancıl buluşlar dalgası ile bir şekilde pasaportuna sahip olmakla gurur duyulan veya pasaportunu edinmek için özenilen ülke haline getirilebilir. Türkiye'nin kendisi, temsil edeceği farklı değerler sayesinde, bizatihi bir ülkü olabilir.

Türkiye böyle bir ülke konumuna gelinceye kadar hemen hemen bütün gençlerimiz küresel ölçekte yükseltilen değerler üzerinden başka ülkelerin hayranı, yeri geldiğinde de onların kullanışlı işbirlikçileri olmaya aday demektir. Aslında bu, batı dışındaki bütün ülke gençleri için geçerli bir durumdur. Batılılar paraları ve kültürleri ile bütün dünyanın gençliğini kendilerine hayran, işbirlikçi veya uşak yapmaktadırlar. İnsanlık, batılıların 'öteki' dayattıran uygarlığına seçenek olabilecek bir başka medeniyeti geliştirip üstünlüğünü kanıtlayana kadar çocuklarımızdan ve gençlerimizden hayran, işbirlikçi ve uşak üretimi sürecektir.

Biz aslında hem kendimizin, hem de insanlığın bu en büyük meselesini bir kenara bırakmış, küçük meseleler için birbirimizi yiyoruz.

Bu gerilimi herkes ciddiye alabilir ama ben almam.

Bir Cumhurbaşkanlığı veya genel seçim gerilimini herkes çok önemseyebilir ama ben önemsemem. Bunlar küresel gerilimi duyarsız hale getiren çalkantılardır.

Biz büyük ve hakiki savaştan kaçmak için küçük ve yalancı savaşlara sarılıyoruz.

Tabii ki Türkiye'de zabıta vakalarının grafiği belli bir eğimle tırmanmaya devam etmektedir. Batılılaştıkça daha da tırmanacaktır.

Batılılaşma birçok şeyle beraber aynı zamanda güvensizlik demektir.

Batılılaşmadan önce Türkiye'nin insanı evini kilitlemezdi.

Batılılaşma başka birçok şeyle beraber, evde, mahallede, ilde, ülkede, bölgede, kıtada ve yerkürede soyulmak da demektir.

Yalnız dikkatten kaçırmamak gerekir ki, her şeye rağmen Türkiye çok güvenliksiz ve çok huzursuz bir ülke değildir. Son beş yıl içinde büyük şehirlerimiz en yeteneksiz emniyetçi ve mülkiyeciler eliyle çok kötü yönetildiği, daha doğrusu yönetilmediği için zabıta vakalarında büyük artış görülmüştür ama yine de Türkiye bu açıdan dünyanın en kötü değil, en iyi ülkelerinden biridir... Biz bu açıdan ancak kendi geçmişimizle kıyaslanabiliriz. Tarihteki şehir ve köylerimizin genel asayiş değerleri ile karşılaştırıldığında şu sıralar yaşanan vakalar ve gerginlikler elbette çok büyük yoğunluk belirtebilir. Bu da demektir ki gidişat hiç de iyi değil. Fakat her zemin ve boyut için söyleyebilirim ki, Türklerin ve Müslümanların kıskanacakları huzur ve güzellikler, batı uygarlığının zirve yaptığı sahneler değil, bizatihi kendi geçmişlerindeki mübarek toplumlar ve ortamlarıdır.

Şimdiki manzaramızın nasıl oluştuğunu görmemiz lazım:

Bir kere geleneğimizdeki sağlam aile çözülmeye yüz tutmuştur. Devlet, ailenin çözülmesini engellemek, hiç değilse geciktirmek için üzerinde çalışılmış bir kültür siyaseti izlemek şöyle dursun, aksine sanki bozguncu süreci kolaylaştırmak istemektedir.

Medya kasıtlı veya kasıtsız ailenin büsbütün çökmesi için elinden ne geliyorsa yapıyor.

Eğitim sistemi çürümüşlüğü erken yaşta başlatabilmenin düzeneği gibi işlev görüyor.

Aileden, toplumdan kopuk; özgürlük altında serseriliği yücelten 'yükseltilmiş değerler' şemsiyesi altında dağınık ve başıboş bir gençliğimiz var.

Batı uygarlığından bize geçen her şey; her heves, her yeni ihtiyaç, her kurum, her değer, her ilke dönüp dolaşıyor ve zevk düşkünlüğüne hizmet ediyor. Zira her şeyin başı sermaye... O büyümek zorunda olan bir cehennem gibi her saniye daha fazla yakıt tüketmeye mahkûm... Sermaye yeni kârlar üretmedikçe biteceği, gerileyeceği veya geçileceği kaygısı içinde saldırgan davranmaya, insanı açgözlülüğe şartlandırmaya mecbur bulunduğu için ya sorumsuzca tüketmeye devam edeceğiz ve helâk olacağız ya da tüketici olarak aklımızı kullanacağız ve sermayeyi hizaya getirerek geleceğimizi kurtaracağız.

Gençlerimize dünyanın bu gerçeğini gösterebilmeliyiz. Büyük savaş, insanoğlunun kötülükle ve açgözlülükle yaptığı savaştır. Diğer savaşlar, bu büyük savaştan kaçarak yalancı savaşlarla oyalanmaktır.

Gençlerimize batı uygarlığının insanlığa lüks, ihtişam ve hız getirdiğini ama mutlu etmeyi başaramadığını anlatabilmeliyiz.

Gençlerimize kendi tarihlerinden gerçekçi örnekler bulabileceklerini gösterebilmeliyiz.

Oysa biz onlara ne gösteriyoruz?

Sıradan insanların belediye başkanı, milletvekili, bakan olabildiklerini gösteriyoruz. Ünlü bir yıldız olmak için eşcinselliğin işe yarayabileceğini gösteriyoruz...

Bu şartlarda kim Fatih Sultan Mehmet'i örnek alır?

Onlara Fatih'i öğretmeyiz.

Niye öğretmeyiz?

'Gençliğe, yeni yetişen nesillere Fatih'i de öğretirsek Atatürkçülüğü benimsemezler' gibi bir kaygı var.

Kimde var?

Rejim bahsinden yana, Cumhuriyet'in değerlerinden yana endişesi olanlarda var.

Böyle bir kaygının haklılık payı veya kayda değer bir geçerliliği var mı?

Maalesef var. Zira özellikle İmam-Hatip kökenlilerde Fatih Sultan Mehmet'e yönelik hayranlık ve sevginin benzeri Atatürk hakkında pek yok.

Şimdi asıl soru şudur:

Cumhuriyet'in getirdiği bayramlarda geçmişi karalamayı âdet edinen resmi ideoloji yüzünden mi

Atatürk bazı çevrelerce sevilmemiştir, yoksa o çevreler Atatürk'ü sevmedikleri için mi geçmişi aşağılamak ihtiyacı duyulmuştur? Bu ikilem, biraz 'yumurta-tavuk' tartışması gibi değil mi?

Atatürk'ten sonra geliştirilen 'Atatürkçülük türü', Atatürk'ün değer ve ülküleriyle çelişen bir 'tek adamcılık' şartlanmasına yol açmıştır.

Atatürk'ün şahsen en fazla önem verdiği milli hedeflerden biri olan 'tam bağımsızlık ülküsü' açısından gerçek bir hassasiyet, gayret ve dirayet sergilemekten aciz bulunanlar, Gazi'yi tanrılaştırma çabalarıyla hayattan dışlayarak hatırasına en büyük saygısızlığı yapmış, böylece gençlik tarafından örnek alınabilirliğini ortadan kaldırmışlardır. Bunlar, millici söylemlerine rağmen köleleşircesine saplandıkları batı ve özellikle Amerikan hayranlığı içinde fiilen kendilerini Türk gençliğine kötü örnek olarak dayatmışlardır.

Kendilerini gençliğe kötü örnek olarak dayatan bu kişiler, çatışmacılığı ülkenin gerçeği haline getirdiler. Böylece tarihi ve tarihteki kahramanları sevmek gericilik, onları aşağılamak ilericilik haline getirildi. Bu ana yarılmanın oluşturduğu kutuplarda ayrıca bölünmeler meydana geldi. Siyah-beyaz keskinliğinde kutuplaşma ülkenin siyasi kültürü halini aldı.

Bu kutuplaşmayı nasıl aşacağız, gençleri bu yapay yarılmalardan nasıl uzaklaştırıp ortak ülküler etrafında Türkiye'nin geleceği için heyecanlandıracağız ve yoğunlaştıracağız?

Önce yetişkinlerin kötü örnek olma alışkanlığından kurtulmaları gerekir. Muhalefeti ve görüş farklılığını, şahsiyetli ama kavgasız taraflar olarak sürdürmek ve yaşatabilmek imkânsız değildir. Fakat seçilmişler ve atanmışlar maalesef karşıtları ile uzlaşmaz görünmenin siyasi ve ideolojik bereketinden başka bir verim öngöremiyorlar.

Bu şartlarda gençleri büyük hedeflerin adamı yapmak mümkün müdür?

Hiç şüphe yok ki bütün gençlerimiz birer Ogün Samast olmaya aday değildir. Fakat hemen her Türk genci, doğuştan getirdiği yetilerle olabileceği kadar olamama riski ile karşı karşıyadır. Gençlerimizi kendileri, aileleri ve toplumları için değerli kılmak bakımından ciddi hiçbir resmi çabamız yoktur. Gencimiz Türk olmakla, yani Türkiye vatandaşı anlamında Türk olmakla, bu tarihe mensup bulunmakla gurur duymuyor.

Genç insanımızın bugünkü Türkiye'nin mensubu olmakla gurur duyması için yeterli sebep var mıdır? Türkiye bugün dünyada insanlığa şu veya bu alanda değer katan herhangi bir başarısıyla anılıyor mu? Türkiye'nin bilimde, teknolojide, sporda, kültürde, sanatta, ekonomide, istisnai parıltılar dışında hangi öncü hamlesine tanık olabiliyoruz?

Tamam, 'Ben geçmişte iyiydim' diyebilir ama bunun içini doldurabilmesi lazım.

İnsanın 'Dün çok iyi, çok parlak dönemlerim vardı, çok kötü günlerim de oldu, şimdi yeniden daha iyi günlere gidebilmem için şunlar, şunlar yapılıyor' diyebilmesi lazım. Gençlere bu heyecanı aşılayabilmek için tarihteki Türk toplumlarının insanlık için çok önemli işler yaptıklarını gösterebilmemiz lazım. Sadece zafer meydanlarında çok iyi vuruştuğumuzu düşünerek günün ve geleceğin ülküleri temellendirilemez. Eski askeri zaferler gençlere kuru bir övünme veya sadece kavgada öne çıkma dürtüsü verebilir. Oysa o genç insan, ecdadının göçmen kuşlar için yuvalar yaptığını, her canlıya değer verdiğini bilirse bütün dünyayı kucaklayabilecek ülkülerin okyanusuna açılabilir. O genç; vakıf kültürünü bilirse, 'yoksul taşı'nın ne demek olduğunu öğrenirse, ecdadının sadece savaş meydanlarında değil, uygarlığın her alanında öncülük yapabilecek niteliklere sahip bulunduğunu kavrar. Dilenciliğin ayıplandığı bir toplumda, kimseden bir şey isteyemeyen mahcup insanların çaresiz kalmalarını önlemek üzere mahalle aralarına 'yoksul taşı' yerleştirildiğini gençlerimize anlatmamız lazım. Buralara paralar bırakıldığını, gerçekten ihtiyaç sahibi olmayanların oradan para almayı asla akıllarından bile geçirmediğini, sokak kenarındaki bu bekçisiz 'küçük kamu kasaları'ndan sadece utangaç ve çaresiz insanların yararlandığını dünya hayatının en büyük iftihar kaynaklarından biri olarak gençlerimize öğretmemiz lazım.

Genç insan, milletinin Türk-İslâm kültürü sayesinde güzel bir uygarlık ürettiğini öğrenebilirse milliyetçiliğinin bir anlamı olabilir.

Genç insan 'Atalarım bu güzellikleri ve bu yücelikleri yaşadı, ben de yaşayabilir, yenilerini geliştirebilirim' diyebilmeli.

Genç insan 'Şimdi dünyamda vahşi ve güçlü bir uygarlık var; bunun insancıl seçeneğini yaratmalıyım' diyebilmeli.

Genç insanımızın özgün bir adam olmasını istiyorsak onun hiçbir ülkeye hayranlık ve düşmanlık beslememesini sağlamalıyız.

Özgün adam takdir eder, saygı duyar, ilham almaya çalışır ama hayran olmaz.

Özgün adam eleştirir, kınar, değiştirmeye çalışır ama düşman olmaz.

Türk genci kimsenin peşin düşmanı değildir.

Türk genci düşmanlıkların düşmanıdır.

Biri kendisine düşmanlık ediyorsa onun ettiği düşmanlığa karşı gerekeni yapar.

Türkün karakterinde ebedi düşman önyargısı yoktur.

Türk insanı Moskof'tan düşmanlık görmüştür, ama onunla samimiyetle dost da olabilir.

İngiliz'den de büyük düşmanlık görmüştür ama kinini kader edinmez.

Müslüman Türk, her dostun düşmanlık edebileceğini, her düşmanın da dosta dönüşebileceğini aklından çıkarmaz.

Türk Amerika'ya ne hayran olur, ne düşman.

İki halin de birbirinden çok önemli farkı yoktur. İki halde de kendisini küçük düşürür.

Milliyetçiler saflarını belirlerken gündemin değişmesine göre veya dünyanın gidişatına göre farklı kimliklere bürünebiliyor veya farklı tepkiler verebiliyorlar. Meselâ İkinci Irak Savaşı'na gelinceye kadar AB karşıtlığını öne alan milliyetçilerde şimdi, ABD'ye tepkiler ağır basıyor.

Ayrıca Kuzey Irak'ta ABD'nin desteğini arkasına alan liderlerin Türkiye aleyhine tavır ve beyanları, milliyetçi çevreleri daha sert Kürtçülük karşıtı tepkilere sürükledi. Öyle görünüyor ki güncel şartlarla kolayca değişebilen bir milliyetçi tepki geleneği var. Bu ortamda, sizce Türk milliyetçileri yeteri kadar tutarlı, istikrarlı, dünden yarına belli bir derinliği ve hedefi olan bir etkileme ve tepki anlayışına sahip sayılabilirler mi?

Maalesef milliyetçilerin pek çoğunda böyle bir istikamet derinliği, fikir ve hamle planında birbirinin doğal devamı ve basamağı niteliğinde adımlar atma dirayeti yoktur. Özellikle ideolojik bakımdan bu ciddiyette bir tutarlılık ve kuşatıcı bir felsefi çerçeve oluşturmuşluk göremiyorum. Ancak bu eleştiriyle beraber, milliyetçilerin genellikle tepkici konumlarda bulunmalarını çok doğal karşılamak gerektiğini kaydetmeliyim. Bizdeki ortalama milliyetçilik ideolojisi; kapitalizm, sosyalizm, marksizm, hatta nazizm, faşizm gibi ele geçirmeci bir anlayışı değil, korumacı bir zihniyeti esas alır. Zira bu ideolojilerin söylemleri ile karşılaşmaya başladığımızda millet olarak asırlık yenilgilerin ezikliğine sürüklenmiş, sürekli kaybederek gelen bir toplumun mensubuyduk. Onsekizinci yüzyılın ortalarından itibaren sürekli toprak kaybeden ve gerileyen bir toplumun temel kaygısının yeni fetihler değil, mevcudu korumak olmasını yadırgayamayız.

Kendisini tehdit altında hisseden topluluklar bu tür bir milliyetçiliğe sarılırlar. Türk milletinin herhangi bir siyasi eğiliminde, milliyetçiliğin korumacı bir duyarlılık şeklinde algılanması, ne bu ideolojinin içeriğini değiştirir, ne de ona karşı olanların tavrını yumuşatır. Bir ülkede küresel güçlerin beklentileri, çıkar arayışları varsa orada milliyetçilik, aşağılanan değer haline getirilir. Böylece o ülkede örtülü yöntemlerle küresel güçlerin hedeflerini kollamak kolaylaşır. Meselâ milli varlıklarınızı ele geçirmek isteyen özelleştirme kampanyalarını eleştirirseniz, çağdışı kalmış bir milliyetçi oluverirsiniz.

Niye?

Çünkü başkalarının gelip de ülkenizdeki varlıkların mülkiyet veya tasarrufunu ele geçirmelerini istemiyorsunuz.

Bunu istememek nedir?

Sana 'Milletinin iyiliğini istiyorsun, onun için seni aşağılayacağım' diyemeyeceğine göre ne diyecek? 'Sen aşırı olduğun için, gelip de ülkemizi cennete çevirecek yabancı sermayeye düşmanlık ediyorsun, korkutuyorsun ve kaçırıyorsun.'

Ne olacak o zaman?

Milliyetçi kişi kendi ülkesine kötülük eden adam olacak.

Doğrusu, keskin sirkenin küpüne zarar verdiği gibi, ırkçı milliyetçi de milletine ve ülkesine kötülük edebilir.

Yani bu durumda her türlü ırkçı milliyetçi akımların toplumlar için tehlikeli olduğunu mu söylemek istiyorsunuz?

Irkçılık her durumda başa beladır. Sadece başkalarına değil, kendi milletlerine de en büyük kötülükleri ırkçılar yapmış veya yapılmasına sebep olmuşlardır. ABD'yi kuran güçlerin en örgütlülerini oluşturan Yahudiler, Kızılderililere ve zencilere karşı ırkçı uygulamaların öncülüğünü yaptılar. Bir buçuk-iki asır sonra da Naziler, Yahudilere 'ırkçılık öyle olmaz, böyle olur' dercesine korkunç bir soykırım uyguladılar.

Kısacası, bazı milliyetçilik türleri başkalarına değil, bizzat o ideolojiyi benimseyenlerin sahiplendikleri ülkeye zarar verebilir. Irkçılık böyle bir felakettir.

Ne var ki bu böyledir diye, dünyada estirilen, özellikle de küresel marka reklâmlarınca kökten satın alınan, uluslararası güç odaklarının tetikçiliğini yapan 'yükseltilen değer' medyası tetikçileri tarafından yürütülen milliyetçilik karşıtı yayınlar doğal bir eleştirel bakışın uzantısı değil, aksine başka merkezlerin çıkarlarının önünü açmaya yönelik bir kampanyadır.

Esasen bu böyle olduğu için de sömürgeci batı hiçbir zaman sağlıklı bir milliyetçilik tanımı, hatta uluslararası hukuk açısından tartışmasız bir millet tanımı aramaz, hatta belki de bulunmasına sıcak bakmaz. Zira böyle temel terimler konusunda mutlak uzlaşma vaki olsa, günün şartlarına göre hangi toplumların 'kendi kaderini tayin hakkı' üzerinden manevra kuracakları hususunda özgürce ve esnekçe davranma imkânları kalmayabilir. Onun için batılıların meselâ millet (= ulus) tanımı sık sık değişkenlik göşterebilir. Nitekim imparatorluk çağında sömürgeciye göre ulus tanımı başkadır, büyük savaşlar döneminde başkadır, Soğuk Savaş döneminde başkadır. Sömürgeci, doğaldır ki, ne zaman, hangi etnik yapının ulus olarak tanımlanması gerektiğini kendi çıkarlarına göre belirleme imkânını elinden çıkarmak istemez. Çok etkin ve geçerli olmasa da hukuki nitelikte kesinleşmiş bir millet tanımının uluslararası kabul görmesi, sömürgecinin işine gelmez. Bu bakımdan yakın bir gelecekte de böyle bir terim mutabakatı gündemde önemli bir belirleyen haline gelemeyecektir.

Sömürgecinin bu konudaki ölçütsüzlüğü hayâsızlık düzeyinde sürdürdüğüne pek çok örnek de bulabiliriz. Sözgelimi AB'nin Çekoslovakya ve Kıbrıs'a bakışını ele alalım: AB aynı dini inanışa sahip Çekoslovakya halkını bölüyor ve ancak öyle üye yapıyor. Buna karşılık Kıbrıs'ta, ayrı dinlere mensup bulunmalarına rağmen iki tarafın tek devlet olması için bastırıyor. AB 'Çekoslovakya bölündü, iyi oldu; ama Kıbrıs'ın bölünmesi kötü' demiş oluyor. Nasıl oluyor bu? Böylesine keskin bir çelişki nasıl pişkince savunulabilir?

Yine aynı AB kendilerini azınlık olarak tanımlamayı aklının köşesinden bile geçirmeyen Kürt vatandaşlarımızla Alevi vatandaşlarımızı ille de hukuki açıdan ayrı bir konuma getirtmek için yırtınıyor. Dün kendisinin imparatorluk çağının gereği olarak

Müslüman Kürtleri ve Alevileri azınlık saymayan sömürgeci, şimdi karşımıza bu dayatma ile çıkabiliyor.

Ne demek bu?

Türkiye'deki Kürtleri ayırın. Fakat asla Kıbrıs'taki Türkleri Rumlardan ayırmayın.

Sizi Alevi kardeşlerinizle ayrıştıracağız ama Kıbrıs'taki Türkleri Rumlarla birleştireceğiz.

Şurada çıkarları için siyah dediklerine burada yine çıkarları için beyaz diyebilmektedirler. Tabii gücünüz varsa bu dayatmaları elinizin tersiyle itersiniz; gücünüz, daha da önemlisi iradeniz yoksa teslim olursunuz.

Her ülke kendi çıkarının gereğini yapmaya gayret eder.

Ne var ki, 'milli çıkar' deyiminden yola çıkarsak başka bir millet tanımına da varabiliriz.

İşte ABD, Rusya ve Çin, her birinin kendisi için bir 'milli çıkar' tanımı vardır. Peki bunlar millet midirler? Millet iseler hangi anlamda millettirler? ABD halkı Anglo-Sakson bir millet ise öteki unsurlar bu milletin nesidirler? Rusya halkı Rus milleti ise öteki unsurlar bu milletin nesidirler? Çin için öyle... Bizim için de böyle. 'Milli çıkar' deyimi sözlükte 'milletle ilgili çıkar' demek olduğuna göre ortada bir anlam kayması vardır. Bu da demektir ki 'milli çıkar'ı aslında 'devlet çıkarı' olarak anlamak gerekmektedir. Böyle bakınca 'devlet çıkarı' gözetmek tartışmasız milliyetçilik değil midir? O zaman da ABD'nin, Rusya'nın, Çin'in, kısacası şekli ne olursa olsun her devletin doğal temeli, milliyetçiliktir. Öyleyse dönüp dolaşıp aynı gerçeğin altını çizmek mecburiyetindeyiz:

Bir ülkede içeriden veya dışarıdan yürütülen-yürüttürülen peşin milliyetçilik karşıtı her kampanya, kaçınılmaz olarak başka bir ülkenin veya ülkelerin yahut güç merkezlerinin milliyetçiliğine hizmet edecektir.

'Milli çıkar' esasında 'devlet çıkarı' demek olduğuna, bu da adı öyle konmasa da katıksız bir milliyetçi ideoloji gütmeyi dayattığına göre kendi devletinizin çıkarı nasıl bir millet tanımı gerektiriyorsa onu benimsemek ve yaymaya çalışmak zorundasınızdır.

ABD, onlarca milletten oluşan toplumunu fiilen ve fikren 'millet' diye tanıyor. Nitekim bu ülke birçok resmi kuruluşunun başında 'Milli' anlamında 'National' kelimesini -'milliyetçilik çağrıştırır' diye bir komplekse kapılmadan- kullanmıyor mu? Ben de devlet olmak iddiası taşıyorsam kendi çıkarımın ve güvenliğimin gerektirdiği 'millet' tanımını benimsemek ve her işimi buna göre belirlemek hakkına niye sahip bulunmayayım? Üstelik benim bütün milletlerden eski ve köklü devlet kültürümde ırkçı bir temellendirme anlayışı yokken ne diye 'millet' tanımım içinde Kürt veya Alevi unsuru bütünün eşit parçası saymayayım? Evet, benim hiçbir devletim ırk temeli üzerine bina edilmiş değildir. Hiçbir devletim din temeli üzerine de inşa edilmiş değildir. Ben hep, değişik ırktan, değişik inanıştan toplulukları aynı siyasi tasarının etrafında bütünleştirip bir hedefe yöneltmeyi devlet etme tarzı olarak benimsemiş bir kültürün devamıyım. Esasında bütün devletler böyle olmak zorundadır ve zamanımızda böyle de görünmek isterler. Bir temenni olarak bunda insanlığın uzlaşması da vardır. Buna göre nazari olarak devletin; hukuki, siyasi, sosyal ve ahlâki bir toplu yaşama, örgütlenme, gelişme tasarısı şeklinde öngörülmesi esastır. Dünya üzerinde köklü devlet birikimine sahip ülkeler içinde, bu temenni edilen çerçeveye en uygun siyasi ve hukuki tasarıyı geliştirip mükemmelleştirme hedefi açısından en güçlü aday ülke benimkidir. Bunun için Kur'an-ı Kerim'deki 'İbrahim Milleti' deyimini seviyorum. Bu deyimle barışık bulunmayan bir millet anlayışını ister Mehmet Akif söylesin, ister babam söylesin, isterse Oğuz Kağan öz eliyle yazdığı bir kanunnamede bana vasiyet etmiş bulunsun, gününü ve geleceğimi, dünyaya örnek olma aşkımı tatmin edemez.

Sizin belirttiğiniz anlamdaki 'millet' kavramı etrafındaki milliyetçilik, Cumhuriyet'in kurucularının milliyetçi çizgisi ile örtüşüyor mu?

Çeliştiğini düşünmüyorum. O günün şartlarını iyi bilirsek Milli Mücadele'yi yürüten kadroların en azından omurgasında müttefik bulundukları milliyetçilik anlayışı, Osmanlı'dan gelen ve bence 'İbrahim Milleti' deyimine uygun millet algılamasına dayanır. Ne Yahudi dışlanır, ne Hıristiyan... Yunanistan ile olan mübadeleyi bu dediğim anlamda bir millet çerçevesi ile çelişik bulmuyorum. Orada yaşanan sıcak süreci gözden uzak tutmamamız gerekir. Birinci Dünya Savaşı'nın sonunda mağlup olup Mondros Mütarekesi'ni imzalayınca Türk toplumunun 'devlet-i ebet müddet' inanışı çöktü. Bağımsızlık rüyamızın bittiği duygusu toplumun büyük kesimini rehin aldı. O zamana kadar çoktan kaybettiğimiz uzak Kuzey Afrika, Rumeli ve Kafkasya'dan sonra, nihayet gidişatın vahim tükeniş durağına vardığımız hissiyle 'Eyvah sıra ana yurdumuza geldi' der gibi olduk. Herkes tükenmiş. Her evden, her aileden şehitler vererek kırılmışız. Kalan yaşlı, kadın ve çocuk kitle zaten gündelik geçim derdinde. Onlar da açlığa razı, 'Bari şöyle bir köşeye uzanıp üç yıllık savaş yorgunluğunu üzerimden atayım' demek durumundaydı. Fakat İngilizler Yunanistan'ı İzmir'e çıkarttıkları zaman üstüne ölü toprağı serilmiş bu bitkin millet canlanıverdi.

Nasıl oldu bu?

İngiltere zaten epeyi zamandır bizi yeniyor, Rusya geriletiyor, Fransa dişli, İtalya fırsatçı... O İtalya ki Enver Paşa ve Mustafa Kemal önderliğinde Trablusgarp'ta en ölü zamanımızda örgütlediğimiz direniş karşısında rezil oldu ama yine de o topraklar elimizden çıktı. Bütün bunlara 'Hadi onların zaten bir esamisi var' dedik. Fakat dört yüz yıl benim tebaam olan Rum komşum, şimdi gelmiş bu talan çağında benden can göçertiyor, toprak alıyor. Bu, artık bıçağın kemiğe dayandığı yerdir. 'İşte bunu içime sindiremem' deyip ayağa kalkmışım. Onun için Yunanistan'la yaptığım mübadele, benim geniş millet tanımımdan vazgeçtiğim anlamına gelmez. Bu karşılıklı nüfus değişimi 'İçimde İbrahim Milleti'nden bir unsur olan Hıristiyan Rumları istemem ve barındırmam' demek değildir. Öyle olsaydı İstanbul Rumlarını da gönderir, bütün Batı Trakya Türklerini getirirdim. Üstelik o mübadele ile getirdiğim Türklerin önemli bir bölümünün de Turan kökenli olmadıkları ortada bulunduğuna göre, ırkçı bir millet çerçevesi benimsemediğim açık değil midir?

Yalnız günümüzde, özellikle ayrılıkçı eylemlerle şehit edilen Mehmetçiklerin cenazeleri yurt köşelerine dayandıkça, bazı milliyetçi çevrelerin ırkçı söylemlere kapıldıkları görülüyor.

Bunlar çok sınırlı tepkilerdir. Evet, burada bir tepki milliyetçiliği gelişiyor. Eskiden 'kızıl tehlike' var diye yine milliyetçi tepkilerin yükseldiğini görmüştük. Orada yükselen milliyetçi tepkilerin, yani 12 Eylül öncesinde komünizme karşı mücadele ettiklerine inanan gençlerin tepkilerinin ırkçı bir rengi olmamıştır. Şimdi ayrılıkçı şiddet eylemlerinden sonra yükselen tepkici milliyetçilik dalgasında neden yer yer ırkçı söylemler görülebiliyor? İlkinde milliyetçilerin karşısında ırkçı bir komünizm dalgası yoktu. Bu sefer ırkçı bir ayrılıkçı dalga ve kalkışma var. Onun için bazı milliyetçiler doğal olarak sahip bulunmadıkları ırkçı dürtüleri de sadece tepki niteliğinde dile getirebilir, hatta hissedebilirler. Tabii ki hoş bir durum değil ve ülkesini seven bir Türk milliyetçisinin Kürt karşıtı ırkçı bir tavra sürüklenmesi hiç istenmeyecek bir durumdur. Ancak Kürt ırkçılığını kaşıyanlar özellikle bir de karşı ırkçılığın doğmasını, gerilimin büyümesini, Kürt ve Kürt olmayanlar arasında kanlı çatışmaların gelişmesini istemektedirler. Kendisini Türk milliyetçisi veya milliyetçi olarak tanımlayan hiçbir Türk vatandaşının bu ırkçı tezgâha düşmemesi gerekmektedir. Hamdolsun ki bu korkunç tasarı mesafe alabilmiş değildir.

Lakin bu tezgâhı kuranlar içimizden ellerini çekmediler. Milliyetçi tepkileri yaygın bir Kürt düşmanlığına dönüştürme çabaları sürmektedir. Nasıl siyasi ve kültürel haklar, özgürlükler talebiyle Kürt ırkçılığı palazlandırılmış ise, şimdi de Kürt karşıtı bir ırkçılık tırmandırarak geniş vuruşma cepheleri oluşturmaya çalışanlar boş durmayacaklar.

Öte yandan, bizde milliyetçi dalganın yükselmesinde 12 Eylül öncesindeki aşırı solun, sonrasındaki ayrılıkçı hareketin etkisini kaydederken başka toplumları da görmezlik etmeyelim. Batıda milliyetçi dalgaların, başka bir ifade ile aşırı sağın yükselişini tetikleyen birtakım benzeri etkilerin payını inkâr edebilir miyiz? Tepkici olmak, sadece Türkiye'deki milliyetçilere has değildir. Avrupa'da benzeri dalgalar ne zaman yükseliyor? Yabancıların etkinliğinin arttığına ilişkin kaygılar tırmandığında veya tırmandırıldığında... 'Yabancılar niye bizim işimizi alıyorlar' diye milliyetçi duygular kabarabiliyor.

Tabii ki bir insanın milletini sevmesi, milletine saygı duyması, milleti için çok çalışması, iyiliği için koşturması, birliğini, dirliğini istemesi başka bir haldir; tetiklenmiş dalgaların oyuncağı olması başka bir hal...

Kendisini 'Türk milliyetçisi' olarak tanımlayan bir insan, 'PKK yükseliyor, ben de yükseliyorum; oh ne âlâ' diyemez. Aksine böyle bir tırmanıştan rahatsızlık duymalıdır. Birtakım olumsuzluklardan ötürü siyasi ve ideolojik bakımdan değer kazanmak, milliyetçi insanın kendi kendisini de sorgulamasını gerektirir. Ülkesini bölmek isteyen bir örgütün öncelikli karşıtı olarak tanımlanmak, bir milliyetçi için zül değil midir?

Bugün bazı Türkçüler Kürtlerden yakınıyor ve bilerek veya bilmeyerek bu yakınmayı yaygınlaştırıyorlar. Buna karşılık bazı Kürtler de kendilerini Türklerden -gerçekte olduğundan ve olabileceğinden- çok daha farklı görüyorlar, göstermeye çalışıyorlar. Sizce Kürt kökenli olanlarla olmayanlar arasındaki en önemli farklılıklar nelerdir veya çok önemli farklılıklar var mıdır?

Önemli bir fark, konuşma dilindeki farktır. Yakın zamanlarda yapay olarak derinleştirilmek istense de bu fark, Kürt olanlarla olmayanlar arasında uçurum teşkil etmez. Araştıranlar ve fikir namusundan nasipsiz olmayanlar bilirler ki; Anadolu'daki Kürtler arasında konuşulan dil ile Türkçe arasında, hafif telaffuz değişiklikleri ve anlam kaymaları ile ortak kelime miktarı, ayrıca dil edası ve deyiş benzerlikleri bakımından büyük bir yakınlık vardır. Bunun dışında, Doğu veya Güney Anadolu'daki Kürt ile Ege'deki Türkmen arasında nasıl ve ne ölçekte bir kültür ayrılığından söz edebiliriz? Kürt ile Kürt olmayanın yaşayış farkı, ayrılık ve bölünmüşlük gerekçesi sayılmaya yeter mi? Bir Sünni Kürt ile Sünni Türkmen arasındaki kültür farkı, Sünni Türkmen ile Alevi Türkmen arasındaki kültür farkından çok daha ileri değildir. Her toplumda, kültür dediğimiz ekinin ana tarlası, dini inanış ve yaşayıştır. Kültür bunun sınırları içinde şekillenir. Halkın inanış ve yaşayışıyla siyasi ve ideolojik kavga halinde olabilirsiniz ama insanların gönüllerini ve beyinlerini temellendiren dinin kültür üzerindeki bütünleyici veya ayırıcı, belirleyici veya karmaşıklaştırıcı, yönlendirici veya sınırlandırıcı etkilerini yok sayamazsınız. Genellikle güncel ve geçici olan siyasi ve ideolojik inanışlar, tercihler ve eğilimler hiçbir zaman dinin nüfuzuna ulaşamazlar.

Ne demek istiyorum?

Türkiye'de etnik unsur kaşımacılığıyla, ırkçı fesat çabalarıyla din kadar güçlü ayırıcı veya birleştirici dalga oluşturmak mümkün değildir. Belki bir süre için ırkçı asabiyeti dini inanışın bütünleştirici veya ayrıştırıcı gücünün üstüne çıkarabilirsiniz. Fakat dini inanış aynı güçte kalmaya devam ettikçe etnik ayrılıkçı asabiyet, özellikle de Müslüman bir toplumda en kalıcı baskın değer oluşturamaz.

Kaldı ki Türkiye'nin Müslümanları ile Hıristiyanları örgütlü fitne dönemleri dışında neredeyse aynı dinin mensupları arasındaki kadar kolay komşuluk yapabilmişlerdir, yapabilmektedirler ve ilerde de yapabileceklerdir. Türkmenler veya Kürtler bu ülkenin özellikle Anadolu'daki Ermeni vatandaşlarından çok mu farklı yaşarlar?

Esasen Türkiye'de çok kültürlülükten değil, çok renklilikten söz edebiliriz. Türkiye'nin Süryani vatandaşı, sözgelimi İsveç'te Hıristiyan bir İsveçli ile kurabileceği kültür ortaklığından kat kat fazlasını, Anadolu'nun herhangi bir sakini ile kurar.

ORTAK ÜLKÜMÜZ ADİL YÖNETİM OLMALIDIR

Ülkemizin sınırları içinde yaşayan vatandaşlarımızı bir arada tutacak en temel ortak değerimiz nedir? Bazı çevrelere göre demokrasi, bazılarına göre dil, bazılarına göre din... Ortak dediğimiz, tarihten bize kalan miras, en temel bütünleyici zenginliğimiz ne olabilir?

Bu konuda kafamız fena halde karışmıştır. Daha da karıştırmak isteyenler sürekli yeni manevralarla değerler çatışması üretebilmek için var güçleriyle çalışıyorlar, çalışmaya da devam edeceklerdir. En son örnek, elli bine yakın denek üzerinden yapıldığı söylenen araştırmadır. Kimlerin sağladığı bilinmeyen ama tahmin edilen muazzam bir para ile yönlendirmeli bir kamuoyu yoklaması yapılmış ve Türkiye'ye derinlemesine parçalı bir nüfus haritası dayatılmak istenmiştir. Bunu iyi niyetli bir bilimsel çalışma sayabilmek için çok saf olmak bile yetmez. Oysa yakın zamanlarda yapılmış başka araştırmalar bu sonuncusu ile ortaya çıkan görüntüyü yalanlayıcı rakamlar ortaya koymuştur. İşin ilginç yanı şu ki, daha önceki araştırmalar da zihniyet itibariyle batıcı teşekküller tarafından gerçekleştirilmiştir. Birkaç yıl kadar önce yapılan ve 'Kendimi Türk hissediyorum' diyenlerin oranını yüzde 65'lerin üzerinde gösteren araştırmalar sanki birilerini rahatsız etmiştir.

Belli ki bu tür oyunlara karşı henüz ülke olarak korunaklı değiliz. Daha bir hayli uzun zaman bu sıkıntıyı yaşamaya devam edeceğiz. Neden devam edeceğiz? İletişim kuruluşlarımızda topluma ahkâm satanların çoğunluğunun kökten batıcı olması bu tür oyunları kolaylaştırmaktadır.

Böylesine kafa karışıklığı altında, her yeni gün zihnimizi bulandıran bir sürü yönlendirmeli ve yönlendirmeci veri ortaya atılırken soruyoruz:

Bu toplumun unsurlarını hangi ortak bütünleyicinin etrafında aynı hedefe yönlendireceğiz?

Bu soruyu ne kadar ciddiyetle ve samimiyetle soracağımızı ve cevabını kovalayacağımızı kestiremiyorum. Gerçekten dürüstçe bütünlüğümüz için bir ortak değer mi arıyoruz, yoksa tam aksine ayrıştırmak için yapay farklılıklar veya uydurma çekişmeler mi icat etmek istiyoruz?

Türkiye'nin içinde bulunduğu şartları acımasız bir gerçekçilik ile değerlendirmeye çalışırsak görürüz ki toplumu ayrıştırmak için sergilenen ince ayarlı ve yoğunluklu çabaların yanında, bütünleştirmek için gösterilen gayretler çocuksu bir basitlik ve hafiflikten öteye geçememektedir. Medya güdülmektedir. Eğitim başıboştur. Böyle bir toplumda fitne tohumu ekmek veya ekilmiş olanları beslemek isteyenlerin işi çok kolaydır.

Bunca olumsuzluğun karşısında hiç değilse devletin bir direncinin varlığına bel bağlanabilir.

Devleti yönlendiren ciddi bir akıl olsa, ülkenin dört bir yanından fitneci tertiplere hedef haline getirilmiş bulunmamıza rağmen çok şey değiştirilebilir, bütünlüğümüzün aleyhine gelişen oyunlar bozulabilir. Hele bu akıl, içtenlikle bir adil devlet idaresi oluşturmayı benimseyip gereğine soyunsa, kısa sürede toplum barışını pekiştirme yönünde büyük adımlar atılabilir. Oysa bırakınız içtenlikle adil bir devlet yönetimi sergilemeyi, ülkemizin devlet denebilecek bir erginlik düzeyinde örgütlenmiş olmaktan uzaklaştığını görüyoruz. Daha açıkçası Türkiye, artık başarısız bir devletten dahi daha kötü bir durumdadır; ortada devlet yoktur.

Ülkemizde, kurumlarını birbirleriyle boğuşturmayan, aksine iyi niyetle uyumlu bir işbirliği içinde çalıştırabilen bir devlet aklı bulunsa, kısa sürede insanlarımızı adaletli bir yönetimin oluşabileceği yönünde umutlandırabilir, yeni bir yükseliş heyecanı yaratabiliriz.

Ne var ki böyle bir niyete sarılamıyoruz.

Aydınlarımız ve siyasilerimiz herkesin üzerinde uzlaşabileceği ortak değer arama gayretinde değil, 'İster zorlama, ister kandırmaca ile bir şekilde herkesi kendi çizgime nasıl getiririm' kuruntusu içinde. Din, dil, Cumhuriyet devrimleri, liberalizm, demokrasi gibi değerlerden birinin veya birkaçının etrafında toplumu bütünleştirme çabasına kilitlenmenin yararı yok. Belli ki biz, bu ülkede yaşayan değişik kesimlere mensup insanlar olarak bu değerlerden herhangi birisinin veya birkaçıyla oluşturulmuş bir demetin etrafında kolay kolay birleşemeyeceğiz. Bekleyebileceğimiz en anlamlı ışık ve hareket, hiç kimsenin itiraz etmeyeceği ve kayıtsız kalamayacağı samimi bir adalet gayretinin doğmasıdır.

Bu ne demektir?

Bu, hangi eğilimde olursanız olun bütün içtenliğinizle adalet ve hakkaniyet üzere hareket ettiğiniz takdirde 360 derecelik bir çemberle herkesi kucaklayabilir, kuşatabilirsiniz demektir. Sözgelimi laiklik sizin birinci önceliğinizdir. Bütün şerefiniz ve namusunuzla her durumda adil hareket etmeye ve hakkaniyetli davranmaya karar verdiğiniz, ne pahasına olursa olsun vicdanınıza uygun konuştuğunuz takdirde sadece sizin gibi düşünenler için değil, sizin gibi düşünmeyenler için de mutemet bir insan konumuna gelirsiniz.

Türkiye'nin ve dünyanın ihtiyacı budur.

Bir toplumun insani değeri, kendi şahsının ve yandaşlarının aleyhine dahi olsa haktan yana davranabilen bireylerinin sayısı ile orantılıdır.

İnsanlığın temel hastalığı, şahıs ve yandaş çıkarını hakkaniyete tercih etmektir.

Bu hastalığa savaş açana kadar kendimiz için de, dünya için de umutlanmak beyhudedir.

Onun için Türkiye'yi şu veya bu değer etrafında bütünleştirme önermelerini hiç ciddiye alamıyorum. Bütün bunlar 'benim gibi ol' demekten daha etkili bir çağrı değeri taşımaz. Benim gibi ol...

Nasıl olunacak?

Bu ülkede hepimiz Türkmen miyiz?

Değiliz.

Hepimiz Müslüman mıyız?

Değiliz?

'Hepimiz anayasal olarak Türk'üz' dediğimiz zaman ayrıksı dürtülerin üstüne sünger çekebiliyor muyuz?

Çekemiyoruz.

'Hepimiz çağdaş demokratik değerler etrafında birleşelim' dediğimiz zaman, matematik kesinlikte ayrılık ifade eden kalıplara aynı anlamları doldurabiliyor muyuz?

Hayır!

Başkaları bu veya buna benzer toplum bütünleştirme tasarıları ile kendi bünyelerinde tam bir iç barış sağlayabilmişler mi?

Hayır.

Maddî anlamda en gelişmiş ülkeler, iyi işlediğini zannettiğimiz demokrasileri ile kendi insanlarını mutlu edebilmişler mi?

Hayır.

Öyleyse bu dünyanın neresi uygar, neresi iyi insanlar için kültür kıblesi?

Yeryüzünde hiçbir şey adalet kadar değerli değil.

Hiçbir yerde de içtenlikle adil olmayı kovalayan bir düzen yok.

Öyleyse insanları mutlu etmeye yetmeyen 'refah toplumu' dediğimiz aşama niye bizim veya başkalarının ülküsü olmayı hak etsin?

Bütün insanlığı batının adil olmayan ve adil olmayı içtenlikle kovalamayan düzenlerine heveslendirerek kendi kendimize zulmediyoruz.

Yeryüzünün gücüne tapınmayı öneriyoruz.

Bugün dünya, ABD'den 'Yeşil Kart' denen evrakı alabilmek için can atan insanlarla dolu. Amerika bu insanlara hangi vaatte bulunuyor?

Amerikan milliyetçiliğinin sihrini mi öneriyor?

Amerikan Hıristiyanlığını mı sunuyor?

Amerikan demokrasisinin çiçeklerini mi lütfediyor?

'Fırsatlar ülkesi' olmanın tılsımlı kâğıdı mıdır Yeşil Kart?

ABD, doğru veya yanlış, insani veya gayrı insani, güçlü bir hayal sunuyor.

Sadece hayal.

Türkiye'de toplum bütünlüğü için tarihten miras aldığımız herhangi bir değeri öne çıkarmak için sarf edeceğimiz gayret, ayrılıkçı çekişmeleri tırmandırabilecek değil midir?

Ben senin çağrına katılmayacağım, sen de benimkine...

Öyleyse Türkiye'nin de insanlarına bir hayal sunması gerekiyor.

Başka bir hayal...

Benim hayalim, adaletli olmayı her şeyin önüne koyabilmektir.

Ülkemdeki unsurların bütünlüğü için en güçlü ve en insani hayal olarak adaleti öneriyorum.

Uğrunda şehitlik şerbeti içmeye değer en yüksek ülkü olarak, memleketin kıraç toprağını veya kaya parçalarını değil, devletimin ölüm-kalım savaşından daha büyük önemle sarılacağı adaletli davranma tutkusunu hayal ediyorum...

Ay-Yıldızlı nazlı bayrağımın temsil edeceği en yüksek değer olarak adaleti hayal ediyorum.

'Benim bayrağımın dalgalandığı her yerde, başka hiçbir yerde görülemeyecek kadar adaletli bir yönetim vardır' diyebilmeyi hayal ediyorum.

Ülkeleri fethedenleri değil, adalet için savaşanları en büyük kahraman sayan bir toplumun bireyi olmayı hayal ediyorum.

Türkiye insanının önüne böyle bir hayal koyabilirsem, ayrıca başka bir değerin etrafında bütünleşmek için kimseleri zorlamaya ihtiyacım kalmaz. Adaletin en büyük ülkü olduğu yerde İslamiyet yücedir, devlet yücedir, toplumun şu veya bu kesimi de yücedir.

Bir toplumda en yüce ülkü olarak adaleti benimsetebilirsem, herkesin her şey için yapabileceği kavgalara karşı geliştirilebilecek en etkili güvenceyi sağlarım.

Türkiye'yi tarihten gelen herhangi bir ortak değer üzerinde bütünleştirme çabalarının başarısızlığını duygu ve düşünce planında bütün yönleriyle yaşayan bir insan olarak adaletten başka bir ülküyle hayalimi meşgul etmem.

Olursa adalet olur, yoksa hiç!

Böyle gelmiş, böyle gider.

Benim devletim geçmişte neyi en iyi yaptı?

Osmanlı'nın en iyi becerdiği şey İslâmcılık mıydı?

Değildi.

Osmanlı'nın en iyi yaptığı şey Türkçülük müydü?

Değildi.

Osmanlı'nın en iyi başardığı iş fetihçilik miydi?

Değildi.

Osmanlı'nın sağlam dönemlerinde en iyi yaptığı şey, değişik toplumları idare eden başka devletlerin hepsinden daha adaletli bir yönetim sergileyebilmesiydi.

Kendi ülkem için, kendi ülkemin çevresi için ve nihayet dünya için ancak ve ancak Osmanlı'nın gerçekleştirebildiğinden daha üstün bir adalet hayal edebilirim, başkası ne bana, ne yabana ilaç olur.

Peki ülkem için ve herkes için adalet istemem ham hayalden ibaret bir arzu mudur?

Bir tek kişinin dahi 'adalet, mutlaka adalet ve ne pahasına olursa olsun adalet' diyebildiği ortamlarda cennetlik barışların temellenebileceğini hepimiz her an müşahede edebildiğimiz halde niçin karamsarlığa kapılayım?

Evet, çok iyi biliyorum ki bir devletin mutlak adalet ülküsünü gerçekleştirmesi çok zor, hatta imkânsızdır. Fakat bir devletin bütün ruhuyla adaleti yüceltmeye şartlandırılması imkânsız değildir. Devleti yönetenlerin adaletli davranmaya şartlanmaları hayali bir beklenti olamaz. İnsan, adaletli davranmayı var oluş sebebi edinebilir. Adaletli davranmayı var oluş sebebi edinmiş bir insan büyük bir güçtür. Böyle bir tek insan, bir şehrin zulüm cehennemini kurutmaya başlayabilir.

Toplumlarda yöneticilik sorumluluğunu üstlenenler, hükmetme şehvetinin yerine adaletle muamele etme aşkını koyabildikleri takdirde önce siyasi muarızlarının bozguncu çekiştirmelerini etkisiz hale getirir, sonra da kitlelerin gönüllerini fethederek tabanda dayanışma ve paylaşma dürtüsünün gelişmesine öncülük ederler.

Siz ömrünüz boyunca adaletli olmayı aşk edinebilmiş kamu yöneticisi tanıdınız mı?

Tanımadım ama bu, öylelerini hayal etmeme engel değil. Ayrıca ülkemde siyaset yapanların, hem de bu arada İslâmî iddia taşımaya devam edenlerin sonsuza kadar partici ve yandaşçı yönetim anlayışını sürdürebileceklerini havsalama sığdıramıyorum. Bu insanların bir yerden sonra uyanacaklarını, 'Ben o kadar iyi, zeki ve yetenekliyim ki hem Allah'ı, hem de Şeytan'ı aynı anda memnun edebilirim' dercesine sürdürdükleri para kazanma ve kamu yönetimi anlayışını sorgulayarak kendilerine geleceklerini umuyorum. Yine umuyorum ki Allah aramıza, başkalarının fark edebileceği ve örnek almaya layık görebileceği sayıda haysiyet ve adalet kahramanı katacaktır. Kendisini hiçbir dünyevi değerin ve makamın kölesi yapmayacak derecede arınmış ve korunmuş haysiyet ve adalet insanları, toplum yönetme işini kökten değiştirecek çığırı başlatabilirler. Toplum, haysiyet ve adalet kahramanlarını yüceltmeye başladığı zaman kamunun sorumluluğunu alacak insanlar, kendi icraatlarının budalaca hayranı ve destancısı olamayacak, övünmekten utanacaklardır. Daha açık bir deyişle; Müslüman siyasetçi ateşle barutu evlendirme vehmini sürdüremeyecektir. Kimse bir yandan kalenderlik, dervişlik ve Allah yolunda yürümek iddiası taşıyıp, bir yandan da meydan nutuklarında parti marifetleriyle hava atmaya, hatta ecdadın yattığı kutsal şehitliklerde siyasi gösteri yapmaya kalkışmayı aklından geçirmeyecektir.

Dinliler ve dindarlar ile dinsizler ve dine kayıtsızların hemen hemen aynı hırslar için yarışıp koşturabildiği bir dünyada insanlık adına bütün incelikler iflas etmiş demektir. Böyle bir dünya ya hemen yarın yıkılacak ve kıyamet kopacaktır, yahut yeni bir diriliş faslı için tez elden umut çiçekleri filizlenmeye başlayacaktır.

Dinli ile dinsizin neredeyse ittifak halinde dünyayı daha adaletsiz ve daha kirli bir yer hâline getirmek için yarıştığı günümüzde kafaların duvara toslaması an meselesi olmalıdır.

Bu da bana, kamu adına sorumluluk yüklenenlerin artık, ister dindar olsunlar, ister lâdini yaşayışı benimsemiş bulunsunlar, önce insan haysiyeti ve önce adalet demeye başlayacakları günlerin hayalini gördürüyor. İnsanları sözde değil gerçekten ilahi bir emanet görebilen, kamunun imkân ve varlıklarını onlar adına tasarruf etmek gibi ağır bir sorumluluk yükümlendiği bilinci ile hareket edecek siyasilerin hayatımıza girmesini bekleyebiliyorum. İktidar mevkilerini birer yüksek şehvet aksesuarı olarak değil, aksine insanların iyiliği için ancak bir süreliğine katlanılacak eziyet yerleri olarak algılayacak kadar doygun şahsiyetlerin zuhur etmesi için duacıyım. Çaplarından büyük benlikleri için azami ve en uzun ikbali arayanların değil, aklı başında insanlarca ehliyet ve dirayetlerine duyulan güven dolayısıyla aranılan bu şahsiyetlerin siyaset sahnesine gireceği günleri gözlüyorum. Onlar ki devlet ve millet için koşturup yorulurken, hatta eziyet çekerken hakiki bir hizmet zevki yaşarlar. Hizmet zevki dediğim duygu, birtakım açılış törenlerinde boy gösteren hükümet erkânının yaşadığı 'İşte halkıma böyle lütfetmekteyim' türünden açık veya gizli gururla akraba bir his değildir. Esasen halka ve Hakk'a güvensiz hizmetlerinizin gösterisine tenezzül etmezsiniz. Oysa zamane hükümet erkânı, üstüne üstlük bir de dindarlık iddiası güttüğü halde bu tür gösterişin vazgeçilmez bir siyaset kuralı olduğuna iman etmektedir. Bizdeki gibi gösteriş demokrasisinde siyasetçi, bir tek yumurta yumurtlayıp bin kez gıdaklayan tavuğa benzer. Tavuk kadar bir beyni çağrıştıracak hesap hatası ile şöyle düşünür:

Bir yumurta için bin kez bağırmasam halk kadrimi bilmez.

Acaba gerçekten öyle mi?

Halk gösterişçi olmayanın hakkını teslim etmez mi?

Yavuz Sultan Selim, en büyük zaferden döndükten sonra halkın tezahüratı ile karşılaşmamak için şehre gizlice girdi diye onun başarısını inkâr eden veya başkasına mal eden mi çıktı?

Kaldı ki hem siyaset, hem dindarlık gayesini birlikte güdene 'Balık bilmezse Halik bilir' demekten ötesi helâl olur mu?

Bir de 'hizmet zevki', 'halka hizmet Hakk'a ibadet' söylemi var...

Acaba kaç zamane siyasetçisi bu tür söylemlerinde tamamen samimi olabilir?

Burada samimiyet çok zor... Siyasetçi samimiyetle halka hizmetten zevk aldığını, hatta halka hizmet etmeyi Hakk'a ibadet etmek kadar kutsal bir görev saydığını düşünebilir. Nitekim öyle siyasetçi vardır ki, başkalarının akıl sır erdiremeyeceği bir fedakârlık görüntüsü içinde gecesini gündüzüne katarak devletin ve milletin işleri için koşturur. Ancak acaba o hakikaten halka hizmet etmekten mi hoşlanmaktadır, yoksa halka hükmetmekten dayanılmaz bir zevk mi almaktadır? Ülkeyi karış karış gezerek ihtiyaçları tespit etmeye mi çalışmaktadır, yoksa hükmetme halinin lezzetini her iklimde ayrı bir çeşni ile yaşamak mı istemektedir?

Bir kere bütün kalbiyle ve alçakgönüllü ruh haliyle halka hizmet etmeyi zevk edinen kişi, asla partici veya yandaş korumacılığı ve kayırmacılığı yapmaz. Her kim siyasette partici ve yandaş duyarlılığı ile hareket ediyorsa, onun halk ile birlikte olmaktan aldığı haz, en iyi halde örtülü bir hükmetme şehvetidir. Bir siyasetçi halka hizmet bahsinde samimi ve duru bir gönül sahibi ise önce 'adalet' diyebilmelidir. Önce 'adalet' diyebilen siyasetçi ise partici ve yandaş şartlanmışlığına karşı savaş açmak zorundadır.

Halka hizmete ve adalete aşk ile inanan siyasetçi, partizanlıktan korkar ve utanır.

Gerçekten adaletle yönetmeye niyeti olan kişi öncelikle partizanlığı devlet kapılarından tasfiye etmeye çalışır. Böyle bir niyetle gayret sergileyen her siyasetçi, vatandaşın beğenisini değil, gönlünü kazanır. Adalet için iyi niyetle gayret göstermeyen siyasetçi de halk tarafından kolayca teşhis edilir. Cumhurun gözüne perde çekemezsiniz.

Bir yerde insanlar sürüler halinde bir partinin kervanına balık istifi doluşuyorsa, namuslu ve sessiz çoğunluk geri çekilir ve izlemeye başlar. O namuslu adam görür ki böyle koşuşturma demlerinde bir yağma seferberliği, bir talan düzeneği oluşmaktadır. Namuslu adam 'Ben bu pis işten uzak durayım' duygusuna kapılır. Ortada nimet gibi görünen bir pislik var; insanların pek çoğu da sinekler gibi oraya üşüşüyor.

Esasen bütün hızlı iktidar oluşumlarında böyle bir izdiham gözlenir. İpsiz sapsız, kişiliksiz insanlar çapulcu gibi yağlı kemiğe koşarlar. Şüphesiz bu koşuya halisane duygularla katılan siyaset ehli de vardır ama her durumda hızlı iktidar, kirli çoğunluk demektir. Böyle hızlı iktidarların oluşum aşamalarında yığınların yağlı kemik için koşmasından korkmayan siyasetçi, asla mutlak adalet niyeti ve gayreti taşıyamaz!

Onun için dönüp dolaşır ve yine adalet bahsine geliriz.

Türkiye'nin şurası ile burası arasında dengesizlik var da bunu mu istismar ediyorlar?

Hakkâri'nin veya Artvin'in dağ köyünde mevcut yokluk ile İstanbul'un Boğaziçi kıyısında veya İzmir'in Kordon'unda mevcut ihtişam aynı kaldıkça, hem orada, hem burada sonsuza kadar aynı bayrağı dalgalandıramayız. Ya orayı buraya benzeteceksiniz, ya burayı oraya... Bunun için İslâmiyet'i veya meselâ Türkiye Cumhuriyeti'nin vatandaşlık tanımını yahut meselâ Türkiyelilik üst kimlik denemesini, en temel birleştiren olarak elinizden geldiği kadar değerlendirmeye çalışın, hiçbirisi Hakkâri'deki yokluk ile Yeniköy'deki varlığı dengelemenizi sağlayamaz.

Lakin gerçekten adalet uygulamaya kararlı iseniz oralarda ve başka yerlerde Kürtlük mesele olmaz, Kürt ırkçılığı dahi başınızı uzun boylu ağrıtamaz.

Yıllardır sürgün yapmak istediği memurlarını, doğu ve güneydoğuya gönderen devletin, sizin vurguladığınız gibi bir adalet ülküsünü bayraklaştırması beklenebilir mi?

Bizimkine devlet demenin siyasi kültür açısından akılcı olacağına inanmıyorum. Türkiye Cumhuriyeti yeniden devlet niteliği kazanırsa neden olmasın? Esasen bir devlet, memurunu sürgün cezası ile mülkün başka bir yerine gönderdiği zaman kendini inkâr etmiş olur. Çünkü bu meşru bir cezalandırma olamaz. Zira hukukta bir memurun, görevi baki kalarak, başka bir yere sürülmesi şeklinde bir ceza olamaz. Yani devlet halkına 'Şu memurumu cezalandırdığım için mahrumiyet beldesi olarak senin vilayetine gönderiyorum' diyemez. Oysa Osmanlı'nın son dönemlerinden kalma berbat bir alışkanlıkla, sürgün edip 'Devlet hizmetinde bulundurarak cezalandırma' saçmalığı Cumhuriyet'e de bulaşmıştır. Bu uygulamanın içinde bir kere devletin en derin inkârı vardır. Niye? Çünkü devlet olarak sen bazı beldelerini mahrumiyet yöresi olarak belirlemiş bulunmak suretiyle ancak geçiciliğine hükmedebileceğin bir durumun kalıcılığını fiilen onaylıyorsun. Bir devletin 'Benim şu yerlerim mahrumiyet bölgesidir' demesi ile 'Henüz şu yörelerde yokum' demesi arasında hiçbir fark düşünemiyorum.

Devlet, birilerinin kurup da bize bıraktığı bir vakıf değildir. Devlet, her bir yeni üyesinin doğal ve eşit kurucu ortak durumunda bulunduğu bir temel mukaveledir. Birey suçlu dahi olsa bu kurucu ortaklık, bir kere kazanılan ve bir daha yitirilmeyen bir rüçhan hakkı gibidir. Bir kişinin babası olmuşsanız bu gerçek bir daha değişmeyecektir. Onun size evlat olduğu, sizin de ona baba olduğunuz gerçeğini hiçbir şey ortadan kaldıramaz. Siz ortadan kalkabilirsiniz, evladınız da ortadan kalkabilir ama aranızdaki baba-oğul ilişkisi ebedidir.

Bir devlet, bütün mensuplarının ittifakı ile dahi olsa şu veya bu mensubuna 'Sen artık benim vatandaşım, yani ortak mukavelemizin bir tarafı değilsin' diyemez.

Devlet böyle bir yapı olmak zorundadır.

Birey, devlet dediğimiz bu mukaveleyi bir kere imzalamışsa, kendi iradesi dışında kimse, imzaladığı mukaveledeki temel vatandaşlık haklarından onu mahrum edemez. Aynı bireyin suçlu olması durumunda meşru yoldan yargı sonucu sınırlanan haklar, temel vatandaşlık hakları değildir. Böyle bir kişiyi dahi dışlamak devletin doğasına aykırı iken, herhangi bir beldedeki insanları lanetlik idareciler yollayarak cezalandırmak hangi meşruiyet ve mantık çerçevesine sığdırılabilir? Meğerki dolaylı yoldan 'Ben devlet değilim' demek istenmiş ola!

Bir devlet nasıl olur da 'doğu hizmeti' gibi bir terimi resmileştirir? Doğu ile batı arasındaki fark, sanki ebediyen devam edecekmiş gibi bir anlayışın ifadesidir bu. Böyle bir ad konmaz. Devlet isem, zaten bir numaralı hedefim bölgeler arasındaki dengesizliği kaldırmak değil midir? Sağlık gibi bazı sektörler için belki 'kırsal kesim hizmeti', 'kent hizmeti' diyebilirsin. Ama devlet olmak her kelimeyi özenle seçmeyi gerektirir.

Tamam, hakikaten pek çok bakımdan mahrumiyet çeken bölgelerin vardır. Şimdilik elin yetişmiyordur ama bunu yerleşik bir olgu ilan edercesine görev tanımlaması yapamazsın. Devlet olduğunu inkârdır bu. Devlet varsa devletin başıyla dibi, sağıyla solu dengeli olmak zorundadır. Şüphesiz her devlet bu mükemmelliği yakalayamamış olabilir. Çok güçlü ülkelerde bile bölgeler arası gelişmişlik farklarına rastlanabilir. Sözgelimi İtalya için, hatta Almanya için bile Kuzey ile Güney arasında göreceli bir ilerilik-gerilik farkı bulunabilir. Fakat hiçbirisinde bu fark uçurum ölçeğinde değildir. Ayrıca öyle bile olsa, devletin birinci hedefi, bu uçurumu ortadan kaldırmaktır.

Bizdeki uçurum, kuzey yarım kürenin kendi içindeki kuzey-güney farklılaşması ile değil, ancak yeryüzünün kuzeyi ile güneyi arasındaki korkunç varlık-yokluk çelişkisi ile kıyaslanabilir. İlginç bir fark da, bizdekinin kuzey-güney yönünde değil, doğu-batı ekseninde yaşanmasıdır. Belki de böyle olduğu için bizdeki uçurum, yerkürenin kuzey-güney uçurumundan -en azından bana- daha yapay görünmektedir. Nitekim Türkiye'nin en batı ucu ile en doğu ucu arasındaki gelişmişlik farkı, tarihte her zaman bugünkü kadar derin olmamıştır. Doğu Anadolu ve Güneydoğu Anadolu bölgelerinin geçmişinde güçlü imar ve refah dönemleri yaşanmış, Büyük Selçuklu zamanı ve sonrasındaki beylikler çağında, şimdikinden çok daha iyi olmayan doğal şartlara rağmen yöre insanları çağdaşlarından bugünkü kadar geri kalmamışlardır. İpek Yolu'nun canlı olduğu çağlarda bölgede Ahlat gibi 'İslâm'ın Kubbesi' unvanı ile anılacak önemde şehirler doğmuş, depremlerle sönene kadar da çağının bütün Avrupa şehirlerinden daha yüksek bir mimari estetik düzeye sahne olabilmiştir.

Bitlis başka bir şahikadır, Doğu Beyazıt'ta İshak Paşa külliyesi bir başka uygarlık mührüdür.

Hele bir de buralardan geçen Moğol taşkınlarını düşünürsek, hatta Harzemşahların Ahlat'ta yaptıklarını hatırlarsak Doğu bölgemizin 'mahrumiyet coğrafyası' niteliği, büsbütün güncel ve geçici bir bahtsızlıktan fazla anlam taşımaz.

Doğumuzla batımız arasındaki büyük dengesizlik, tarih için çok küçük sayılabilecek bir zaman içinde oluşmuş ve uçurum halini almış bir farktır. Her neye bağlarsak bağlayalım, yerkürenin gerçekleriyle paralellik arz eden bir bölgesel dengesizlik söz konusu değildir. Giderilebilir bir dengesizlikle karşı karşıya olduğumuz muhakkaktır. Ancak Atatürk'ten sonra Türkiye Cumhuriyeti'ni yöneten sığ beyinler, bölgeyi mahrumiyet coğrafyası olarak algılamış ve algılattırmış, böylece şimdiki karanlık oyunlar için elverişli ortamın doğmasına yol açmışlardır. Açıkçası Cumhuriyet'in sorumlu kadrolarında Doğu ve Güneydoğu Anadolu'nun ücra köşelerine yönelik egemenlik tasavvuru simgesel niteliktedir. O toprakların insanlarına, Kürt oldukları için değil, -ki 50 yıl öncesine kadar şimdiki Kürt yoğunluğu ve çoğunluğu yoktur- Cumhuriyet'in vitrinini süsleyecek değerde görülmedikleri için önem verilmemiştir. Çok partili hayatla birlikte bu yöre insanlarını -yine vitrin değeri atfetmeksizin- siyasi aritmetik açısından anlamlı bulmuş, sadece oy ambarı olarak ilgilenmişlerdir. Atatürk'ün ölümünden sonra oralarda devletin eli, her geçen gün biraz daha gaip olmaya başlamıştır. Aksine, devletin eli yerine tekmesi görülür.

Tekrar vurgulamak gerekir ki bu durum, yörede Kürt nüfusun yoğun olmasıyla ilgili değil, tamamen Cumhuriyet kadrolarının şekilci saplantıları ve vitrin tutsaklıkları ile alakalıdır. Yoksa; sözgelimi Diyarbakır, Atatürk'ün hayata veda ettiği yıllarda Artvin'den daha fazla Türkmen nüfus barındıran bir yöremizdi. Hatta belki de Artvin'deki meselâ Gürcü nüfusun ötekilere oranı, Diyarbakır'daki Kürt nüfusun ötekilere oranından daha düşük değildir.

Bu süreçte esasen bölgeyi Türkmen nüfustan arındırma tasarısı, Cumhuriyet'in sorumlu kadrolarının gaflet ve dalaleti yüzünden, hatta belki de bir kısmının ihaneti ile yürütülmüştür.

Hiçbir insaf ehli, 'Orada Kürtler vardı, Türkler bu insanları sevmiyordu, Ankara da onun için bu bölgeyi ihmal etti' türünden bir değerlendirmeyi anlamlı bulamaz.

Hayır, Ankara sadece Cumhuriyet'in vitrini için şık bulmadığı yöre Türkmenlerini, Kürtlerini ve Zazalarını ikinci sınıf vatandaş olarak görmüş, onlara 'doğu hizmeti' için konu mankeninden daha ileri bir değer atfetmemiştir.

Bu, Ankara'nın kast-ı mahsusa ile yürüttüğü bir tasarı değildir. Bu, başkalarının öngördüğü ve Ankara'nın yürütülmesini seyrettiği bir fitne tezgâhıdır. Ankara devlet bilincinden yoksun kadroların elinde bölgeyi çağdaş imkânlara kolay kolay kavuşturulamaz bir coğrafya gibi algılamak ve algılatmak suretiyle başkalarının tezgâhına katkı sunmak durumunda kalmıştır.

Şimdiki ve sonraki oyunlarını Kürtler üzerine kurmak isteyenler, süreçte Ankara'nın devlet idrakini felce uğratmada ve gözlerini bağlamada birtakım manevralar sergilemekten de geri durmamıştır.

Şüphesiz bugün hâlâ geç kalınmış değildir. Ankara içtenlikle murat edecek olsa Cumhuriyet için Doğu ve Güneydoğu Anadolu'da yeni vitrinler geliştirebilir, bütün vatandaşlarını birinci sınıf değerde görmenin gereklerine soyunabilir.

Diğer başka değerler gibi, demokratikleşmenin de bölge için ve Türkiye'nin geneli için yeterli birleştirici etken olamayacağını belirttiniz. Oysa bugün bölgedeki vatandaşlarımız da bazı demokratik taleplerde bulunuyorlar. Ayrıca malum terör örgütünün de 'demokratikleşme' söylemi ile birtakım siyasi talepleri var. Orada yaşayan, devletine bağlı sade vatandaşın isteğiyle örgütün isteğini nasıl birbirinden ayıracağız? Yoksa 'Demokratikleşme bu sorunun çözümü değil, bahanesi' diyerek nokta koymakla mı yetineceğiz?

Yabancıların masum halk isteği olarak algılayacakları birtakım çağrıların altında yatan niyet, bugün artık ortaya çıkmıştır. Ülkede Kürtlüğü ikinci bir ulus olarak tanıtma ve devletin ortağı yapma tasarısı ile karşı karşıyayız. Bir kısım ırkçı Kürt siyasiler, Türkiye'nin Belçika gibi iki milletli bir devlet olarak yeniden yapılandırılmasını istiyorlar.

Nasıl başlıyor talep?

Önce 'Türkiye'deki Kürtler ayrı bir ulustur' denerek, self-determinasyon sopası gösteriliyor. "Her ulus kendi kaderini belirleme hakkına sahiptir" umdesinin devreye sokulabileceği bir zaman gözlenerek bu çıkışlar yapılıyor.

Sonra ne olacak?

'Kürtler ayrı bir ulus olduğuna göre Türklerle beraber devletin iki ana ortağından biridirler.'

Sonra ne olacak?

'Kürtçe de Türkçe kadar eşit kullanımda ve ikinci resmi dil olmalıdır.'

Buna ister sorun diyelim, ister fitne diyelim, Türkiye'nin tekil devlet yapısının korunması gerektiğine inanıyorsak, önce ilk dayatma ile hesaplaşmak durumundayız.

Nedir ilk dayatma?

'Kürtler ayrı bir ulustur.'

Bir kere lafı gevelemeden teslim etmeliyiz ki, tartışmaya 'Kürtler ayrı bir ulustur' diye başladığımız andan itibaren geçmiş olsun... Bu tartışma değil, pazarlık olur.

'Kürtler ayrı bir ulus' ise, Türkiye'nin devlet şeklini konuşmanın fazla bir anlamı yoktur. 'Kürtler ayrı bir ulustur' diyen Kürt aydını ve siyasetçisi, sizinle 'Ülkenin nesini ve neresini benimle bölüşeceksiniz?' diye konuşmaya başlamış demektir. O saatten sonra kendileri ile 'Kürtler ulus mudur, değil midir' diye tartışmanın hiçbir anlamı yoktur.

Türkiye'nin tekil devlet yapısını korumaktan yana iseniz alacağınız tek tavır vardır:

'Beni hiç ilgilendirmiyor; Kürtler ayrı bir ulus olabilir de, olmayabilir de... Beni ilgilendiren, Türkiye Cumhuriyeti devletinin tekil devlet olduğu ve öyle kalacağıdır.'

Buradan bir milim şaşmadan isterseniz Kürtlerin ulus olup olmadığını da tartışabilirsiniz ama onun pratikte fazla bir yararını göremeyeceksiniz.

Diyeceğiniz şudur:

'Rumlar da bir millettir, Gürcüler de bir millettir. Türkiye'de Rumlar da vardır, Gürcüler de vardır. Bunların hiçbiri Türkiye Cumhuriyeti Devleti'nden herhangi bir siyasi talepte bulunamayacakları gibi, sen de bulunamazsın. Senin onlardan çok olman, böyle bir hak talep etmeni meşrulaştırmaz.'

Hah, o zaman 'Ben Kürt ulusu olarak senden siyasi taleplerimi koparabilmek için terörü bir araç edinirim' mi diyeceksin? 'Aslında bunu çok da kapalı sayılamayacak şekilde söylüyorsun zaten. Söylemeye devam et. Bu rüya gerçekleşmeyecek, o kadar.'

Bu noktadan sonra senin bu ayrılıkçı rüyayı geçersiz kılmak için devlet olarak teröristler de dâhil bütün sorunlu insanlarını hasarsız yöntemlerle ikna etmen gerekir. Bunun için de katıksız adalet kararlılığı ile yönetmeye çalışacağın Türkiye'yi, parlak hamlelerle yarın vatandaşlığı ile öyleneceği bir büyük hayal olarak herkese benimsetmeyi başaracaksın.

Peki, ille de Kürtlerin ayrı bir ulus olduğunu tartışmak mı istiyoruz?

Herkesin ulus tanımı kendine, benimki de bana.

Kürtler kendilerini, bizim ırkçı bir anlam vermediğimiz 'Türk milleti' dışında bir ulus olarak görüyorlarsa saygı duyarım. Fakat burası Türkiye'dir ve bu ismi Türkmenler koymamıştır. Ermeniler de bir millettir ve onlarla da bin yıl birlikte yaşadık. Türkiye Ermenilerle ortak bir devlet olmayacağı gibi Kürtlerle de ortak bir devlet olmayacaktır. Faraza yarın Almanya'nın nüfusu 50 milyon Türk, 50 milyon Alman dengesine ulaşsa bile orası yine Almanya olarak kalacağı gibi, burası da Türkiye olarak kalacaktır.

Kürt kardeşlerimiz kendilerini nasıl tarif ederlerse etsinler, nereye koyarlarsa koysunlar, nasıl bir tarih benimserlerse benimsesinler burası Türkiye'dir.

Bu topraklar üzerinde oluşan Selçuklu, Anadolu Selçuklu, Osmanlı ve Türkiye Cumhuriyeti Devleti'ni kendi tarihi olarak saymayan bir Kürt ırkçılığıyla karşı karşıyayız. Hangi efsaneyi baş tacı edinirlerse edinsinler, Selçuklu ve Osmanlı aidiyeti Türkiye'nindir ve hiçbir uzlaşma bunu değiştiremeyecektir.

Buna karşılık Türkiye Cumhuriyeti Devleti de asli tanımından vazgeçemez:

'Bu topraklarda yaşayan herkesi, aynı milletin, her biri ötekiyle eşit unsuru sayıyorum.'

Tabii ki burada yaşayan herkesin Turan kökenli olduğunu iddia etmiyoruz.

Öyle olmamasını sorun edindiğimiz de yoktur. Ancak tarihten günümüze bu toprakların en uzun ömürlü çoğunluğu Türkmenler olduğuna göre, devletin omurgası bu kitlenin dili ve kültürü üzerinden ete kemiğe bürünmeye devam edecektir.

Hiçbir ciddi kaynak, Kürt kökenli vatandaşlarımızın genel nüfusa oranının yüzde ondan fazla olduğunu ortaya koyamamaktadır. Yüzde onluk bir unsurun, bütün Türkiye'yi kendi ırkçı ideolojisine göre istediği gibi şekillendirme hayalleri hepimize olduğu kadar sahiplerine de sadece zarar ve kötülük getirmiştir. Kaldı ki bu hayal, sahiplerinden çok Türkiye'nin bütünlük içinde gelişip yücelmesini istemeyenlerin tasarısı olmak bakımından önemlidir. Böyle bir tasarının en kötü sonucu da kardeşin kardeşi kırmaya kalkışması olabilir. Gerçekleştirilmek istenen ve gerçekleşebilir görülen sadece budur. Türkiye, hem teröre bulaşmamış Kürt vatandaşların, hem de Kürt kökenli olmayan vatandaşların sağduyuları sayesinde bu oyuna gelmemiştir, bundan sonra da inşallah gelmeyecektir.

Türkmen, Kürt, Çerkez, Gürcü, Laz gibi isimlerle bu milletin bütünlüğünü tahrip ve yok etmek, hepimiz birlikte cinnet getirmediğimiz sürece mümkün olmayacaktır.

Türkiye'nin Kürt meselesi yoktur.

Türkiye'nin Kürt ırkçılığıyla ve bu ırkçılığı stratejik bir fitne aracı olarak kullanmak isteyen güçlerle meselesi vardır.

Buna karşılık Türkiye'de bir Türk ırkçılığı, Türkmen ırkçılığı ya da Kürtlere karşı ırkçılık meselesi oluşabilir. Tehlike buradadır. Yani Kürt ırkçılığı meselesini çözmezsek buna karşılık başka ırkçılıklar da başımızı ağrıtabilecektir.

Karşı tarafın da istediği zannedersem bu...

Bütün oyun böyle bir dalga oluşturmak ve Türkiye'nin boğazına sarılmak için bahane bulmaktır. Belki bazıları, yabancı güçlerin vaktiyle Yunan'a, Romen'e, Bulgar'a arka vererek Osmanlı'ya dayattıkları kopuşların bir benzerini kendileri adına Türkiye'ye dayattırabileceklerini hayal ediyor olabilirler. Bu işin mevsimi geçmiştir.

Kurtlar Vadisi dizisinin 'Terör' başlığı altında ayrılıkçılığı işlemek isteyen bölümlerine yayın yasağı geldi. Bu nasıl bir iradeydi ve neden rahatsızlık duyarak diziyi yasaklattı?

Kurtlar Vadisi-Terör, öncelikle, PKK'yı her zaman kullanan odakları rahatsız etmiştir. Tabii başka rahatsızlık duyanlar da olmuştur. Kimisi siyaseten dizinin kendi aleyhine olacağını düşünmüştür, kimisi de PKK ile mücadelenin kesin çözüme kavuşturulamayışına yönelik sorgulama getirebileceğini gördüğü için huzursuzluk duymuştur. Kurtlar Vadisi, PKK'nın ardındaki yabancı parmaklara dikkat çekebilecekti. Daha birinci bölümde bu vardı. Dizi diyordu ki, "Türkiye'deki terör yerli bir oyun değildir. PKK'lılar kendilerini öyle zannetseler de bu, yerli bir oyun değildir. Bu, Türkiye'de ve bölgede oyunlar oynayan güçlerin kanlı tezgâhıdır. Bu, terör adı altında Türkiye'ye karşı bir 'Ilık Savaş' uygulamasıdır." Türkiye bunu bozmayı başaramamıştır. Şimdiye kadar örgüte on binlerce militan kaybı verecek kadar yüksek bir askeri bedeline rağmen fitne gerektiği gibi geriletilememiştir. Askeri başarı vardır ama devlet genel olarak sorunu çözmede başarı elde edememiştir. Tam aksine, fitne koptuğunda sıradan bir terör lideri olan Abdullah Öcalan şimdi neredeyse uluslararası siyasi kişilik haline gelmiş, üstelik ülke içinden on binlerce çocuğun ve gencin gözünde 'kutsal kahraman' konumuna yükselmiştir. Devlet örgüte darbe indirdi ama örgüt de millete acı verecek militan bulmakta çok zorlanmadı. Bu hain tasarıya destek veren dış güçler, çeyrek yüzyıl boyunca Türkiye'yi burnunun ucundaki mayına baktırıp ufku göremez hale getirdiler. Türk ordusu verdiği şehit oranı itibariyle böyle bir mücadele için destanlık bir başarı kaydetmiştir. Kurtlar Vadisi bu muazzam askeri başarıya rağmen fitnenin köküne neden inilemediğini sorgulayacağı için ürkütücü görüldü. Dizi, hangi ellerin bu örgüte finans sağladığını, hangi yollardan lojistik desteğin gerçekleştirildiğini kurcalayacaktı. Dizi, asıl buralarda caydırıcı olamadığımız için her seferinde terörün canımızı yakmaya devam edebildiğine dikkat çekecekti. Bunun için pek çok çevre rahatsız oldu.

Bu diziyi yazanlar bir anlamda Türkiye Cumhuriyeti devletine akıl öğretmiş gibi bir konumda görülecekti. Belki, Mehmetçiklerin ve komutanlarının dağlardaki yiğitçe mücadelelerine yaslanarak, kendilerini ülkenin vazgeçilmez kahramanları olarak görenlerin çapları sorgulanır hale gelecekti.

Bu gibi duygusal etkenler de söz konusu olabilir.

Ayrıca diziyi yazanlar, PKK'yı Türkiye Cumhuriyeti'nin düşmanı olarak yüceltmeyeceklerdi. Onun basit bir suç örgütü olduğunu vurgulayacaklardı.

O zaman da dizi, Türkiye'yi yönetenlerin devlet idrakinden daha yüksek bir devlet idraki sergileyecekti. Zira devleti yönetenler ikide bir 'en büyük düşman PKK' türünden söylemlerle devleti küçük düşürüyorlardı. Oysa devlet, bir terör örgütüne suç örgütü olmaktan ileri bir anlam yükleyemez.

Dizi, bu devlet aklı bakımından ülkeyi yönetenlerden ve terörle mücadeleyi yürütenlerden daha parlak görünüyordu ve görünecekti.

Acı ama gerçek bu.

AYİNSİ MİLLİYETÇİLİK Mİ, GERÇEK MİLLİYETÇİLİK Mİ?

Türk Milliyetçiliği - Atatürk Milliyetçiliği ayrımının sebebi ve mahiyeti nedir?

Kimlerin her iki başlığın altını nasıl doldurduğu ayrı mesele ama benim açımdan bu ayrım, pratik bir ihtiyaca dayanıyordu. Türk Milliyetçiliği'ni devletin resmi ideolojisi olarak benimsemek istemeyen veya benimsemek istese dahi ülkenin maslahatına uygun bulmayan fiili veya dolaylı iktidar kadroları bir ara çözüm gibi Atatürk Milliyetçiliği söylemine sarılmışlardır. Böylece Türk Milliyetçiliği anlayışı, bütün bütün Türkçü bir anlama doğru dışlanmaya çalışılmış, Atatürk Milliyetçiliği de bir tür 'memleketseverlik, vatanseverlik, yurtseverlik' yaklaşımı olarak benimsenmek istenmiştir.

Ne var ki bu mesele, böyle terim düzeyinde yapılacak küçük bir müdahale ile halledilecek kadar da basit değildir. Zira Atatürk'ün bizatihi kendisi Türkçü müdür, Türk Milliyetçisi midir, kültür milliyetçisi midir diye tartışmaya başlayacak olsak hiçbir yere varamayız.

Bir kere Türk Milliyetçiliği akımının çerçevesini belirlemenin mümkün olduğunu düşünmüyorum. Nasıl bir milliyetçi olduğu veya olup olmadığı tartışmaya açık bulunan, sadece Atatürk de değildir. Kimlerin hangi tür milliyetçi akımın içinde olduğuna ilişkin şaşmaz bir cetvel yapılamayacağı aşikârdır.

Türkiye Cumhuriyeti öncesinde, Rus işgali altındaki Türk topraklarında gelişen Türk Milliyetçiliği akımını, dönemin fikir ve ilim adamlarının bıraktıkları eserlerden takip edebiliyoruz. Fakat Türkiye Cumhuriyeti'nin kuruluşundan Atatürk'ün ölümüne kadar olan dönemdeki 'milliyetçilik' gerçekte nedir ve nasıl bir milliyetçiliktir? Gazi'nin vefatından sonra buna 'Atatürk Milliyetçiliği' gibi bir isim yakıştırılsa da akımın siyasi bir ideoloji olarak batıdaki 'milliyetçilik' algılama ve uygulamaları ile ne kadar benzeştiğini veya ne kadar ters düştüğünü ölçmek kolay değildir.

Claude Farrere'in de dikkatimizi çektiği gibi, meselâ, 'milliyetçi' bir Cumhuriyet'in başkentinin batı tarzı taklit binalarla doldurulmasını açıklayamayız.

Öte yandan yer yer kafatası ölçme fantezileri gibi, Cumhuriyet'in bir dönemini faşizm ve nazizm rüzgârından etkilenmiş gösteren belirtiler, milliyetçilik konusunda kafaların durulmuş olmadığına işarettir...

Bugün soğukkanlı bakmaya çalışırsak görürüz ki, o dönemde ortada mutlak siyasi hâkimiyetini tesis etmiş, muktedir, ama zihni sürekli işleyen ve bir şeyler arayan devrimci bir önder var. Milletine âşık, ama ülkesinin geriliğinden çok rahatsız olan, neredeyse mucizevi hamlelerle bu kötü manzarayı değiştirebilmek için hayal gücünü zorlayarak arayışlara giren bir önder... Çağdaşlarıyla kıyaslanmayacak kadar çok okuyan ve çok sorgulayan bu önder, ideolojileri körü körüne benimseyecek taklitçi bir yapıda asla değil. Oturup özgün bir siyaset ve devlet felsefesi, özgün bir iktisadi program döktürecek hali de yok. Biraz oradan, biraz buradan, biraz milliyetçi, biraz toplumcu, biraz batıcı, biraz gelenekçi; mümkün olduğunca ve kendi bakışınca toplumunun şartlarına uygun bir yapılanma arayışında...

Cumhuriyet'in bütün kurum ve yönelimleriyle ilahi bir kusursuzlukta oluşmuş bulunmasına hükmetmek ve hükmettirmek, ancak Gazi'nin ölümünden sonra türeyen, Atatürk'ü putlaştırıcı çetenin vehmi veya yalanı sayılabilir. Belki de İstanbul'un Türkiye'ye bırakılmasının diyeti olarak; Osmanlı'nın tarih sahnesinden bütünüyle silinmesi ve ileride Osmanlı lehine doğabilecek uluslararası hukuki fırsatların kökten geçersiz kılınması için Cumhuriyet'in sarsıcı bir devrim olması da doğaldı.

Elbette böyle ağır bir yenilgi sonrasının vahim şartlarında girişilecek toparlanma deneyinin eksik ve zayıf yanları olabilecek, dönemin milliyetçilik algılama ve uygulamalarında da kusursuz bir tutarlılık görülemeyecekti.

İnönü döneminde ise bir ara Almanya'nın kazanabileceği havası doğunca Türk Milliyetçiliği 'yükseltilmesi gereken akım' muamelesi görür gibi olduysa da yenilgi kesinleşince 'tabutluk' ile simgelenen karşıt tavır kesinleşir. Sonrasında da adeta 'ne milliyetçilik, ne komünistlik' dercesine 'hümanizm' tercihi ile esasen köktenbatıcılık, devletin resmi yönelimi haline gelir. Üstelik aydın kesimlerin bu hümanizm akımının gölgesinde sosyalizmi ve komünizmi başarılı bir şekilde yaymaya çalıştıklarını da görürüz.

Fakat bu noktaya kadar siyasi ideoloji olarak milliyetçilikten söz ediyoruz.

Bir ideolojik genişlik ve kapsam öngörmeksizin kendisini 'milliyetçi' olarak tanımlayanların milliyetçiliğini nasıl adlandıracağız? Daha açık bir ifade ile 'milliyetçilik' terimi üzerinde bilimsel kesinlikte bir uzlaşma mümkün olmadığına göre kimin ne kadar ve nasıl milliyetçi sayılması gerektiğine kim karar verecek?

Unutmamak gerekir ki insanlarda milliyetçi duygular en umulmadık zaman ve yerde parlayabilmektedir. Hatta her türden milliyetçiliğin her türden karşıtlarının ezici çoğunluğu da dâhil herkes şu veya bu derecede 'milliyetçi' olarak karşımıza çıkabilir.

Üstelik 'milliyetçi yelpaze'nin ne kadar çabuk kapanabildiği de malum...

Hemen herkesçe en masum 'milliyetçilik' çizgisi sayılan 'kültür milliyetçiliği' ile 'NAZİ' türü -veya türevi- milliyetçilik arasındaki upuzun mesafe, insanoğlunun en büyük hıza ulaşabildiği alanlardan birini oluşturabilir. Akşam 'enternasyonalciyim' veya 'sufiyim' diyerek yatan biri, sabahleyin 'etnik temizlikçi' veya 'karşı etnik temizlikçi' olarak kalkabilir. Korkunç Bosna Savaşı bize bu kahreden gerçeği yakıcı örneklerle defalarca göstermiştir.

Siyasi ve ideolojik bir akım halinde adıyla-sanıyla sahne aldığı günden beri geçen onlarca yıl boyunca yaşanan bütün insanlık trajedilerinin hemen tamamında milliyetçiliği hem faillerin, hem de mağdurların sıfatı olarak görebiliriz! Adı konmadan önce de, bir içgüdü, bir tür 'aidiyet bilinci' olarak, savaşların galibinde de, mağlubunda da temel hareket noktası, milliyetçi dürtü ve duygulardır! Bundan sonra da başka adlar altında epey bir zaman daha aynı tür çatışmaların yaşanıp yaşanmayacağından emin değiliz!

Türk Milliyetçiliği, mensuplarınca, şüphesiz batıda görülen şu veya bu milliyetçi akım ile benzer kabul edilmemektedir. Bu konuda pek çok milliyetçi aydının, farklarını anlatma ve batıdakilerle aralarındaki ayrıma dikkat çekme çabalarına giriştiğini; değişik, kendilerine özgü bir milliyetçilik anlayışı dile getirmeye çalıştığını biliyoruz... Ancak bu çabalar hiçbir zaman sol kesimin, Türk Milliyetçileri'ni faşist saymasına engel olamamıştır! Gerek bu kesimin suçlayıcı propagandalarının tesiriyle ve gerekse başka etkenler yüzünden Türk Milliyetçiliği çok partili siyasi hayatımız boyunca hemen her zaman netameli bir akım niteliğinde görülmüş, yükseltilen değer medyası tarafından hemen her zaman aşırılık türlerinden biri olarak gösterilmiştir! O kadar ki; MHP'nin iktidar ortağı olduğu iki buçuk deney -Birinci MC, ile İkinci MC bir buçuk, 1999'daki ANAP-DSP-MHP hükümetleri- sırasında dahi Türk Milliyetçiliği, ibra edilmedi; ülkenin güç odakları nezdinde 'aşırılık' eleştiri ve karalamasından arınamadı.

Türk Milliyetçileri, kendilerini yeterince anlatamadıkları için mi bu durum ortaya çıkıyor?

Hayır, kanaatimce burada Türk Milliyetçileri'nin kendilerini doğru ve iyi anlatıp anlatamadıklarından çok, karşı tarafın onlara yönelik suçlamalarında propaganda sanatını başarıyla kullanıp kullanmadığı hususuna dikkat etmek gerekir!

Elbette herkes imajından sorumludur. Bu itibarla Türk Milliyetçileri, kendilerini faşist olarak tanımlamak ve tanıtmak isteyenlerin yaymaya çalıştığı imajda az çok pay sahibi sayılabilirler.

Türk Milliyetçileri'nin bazı ortak davranış kalıpları, olumsuz imajın yerleşmesinde etkili midir?

Acaba nelerdir ortak davranış kalıpları? Meselâ 12 Eylül'den hayli sonra moda olan 'parmakla bozkurt işareti' yapma alışkanlığı gibi davranışları mı kastediyoruz? Bu genellemeciliği seviyoruz! Doğrusu milliyetçilik konusuyla ilgili tanım ve tasniflerimizin güvenilmezliği -veya en azından yetmezliği- hemen her zaman genellemeci denemelerimize ve iddialı yargılarımıza ciddi darbeler indirir!

Bir bakarsınız, 'maço' kültürü sanki doğal bir uzantısı gibi içeren milliyetçilik türü, sosyeteden gelme bir bayan liderin siyasetteki en etkili silahı haline gelebilir.

Yine bir bakarsınız milliyetçilik, Hollanda'daki gibi 'eşcinsel' bir liderin bayrağı oluvermiştir. O Hollanda ki yakın zamanlara dek dazlaklığın pek yaygın bulunmadığı, yabancıların kendilerini en az rahatsız hissettikleri Batı Avrupa ülkelerinden birisiydi.

Yine bir bakarsınız ki temel dinamiği itibariyle milliyetçiliği inkâr ve milliyetçilik karşıtlığı üzerine kurulu bulunması gereken Sovyet sistemi, kaba bir Rus ırkçılığını devletin derin siyaseti olarak kökleştiriverir!

Fakat biliyorsunuz, Türkiye'de pek çok solcu aydın, Sovyetler Birliği'nin eski deyimle 'beynelmilelci' olduğuna inanmakta veya Sovyetler'i öyle görünmekteydiler.

Buna kendilerinin inanıp inanmadığını kestirmekte zorlanıyorum... Daha Milli Mücadele yıllarında, Bolşevikler henüz Çarlık Rusyası'nın bütün topraklarında devrim meselesini oturtmuş değilken bile Ankara üzerinde klasik Deli Petro yayılmacılığının gereklerine uygun oyunlar oynamaya başlamışlardı... Daha o günlerde, Bolşevikler adına faaliyet yürütmek ve Türkiye'yi komünistleştirmek üzere Türkiye'ye gelen birtakım Türk asıllı kişilerin samimi inançlarını çok merak etmekteyim. Bunların Bolşevikliğin Rusçu yanını görememelerini veya görüp işlerine sindirmelerini anlamak mümkün değildir!

Esasen, 'sınıf mücadelesi' tezinin zorunlu bir teorik dışlama ile Sovyet sisteminde 'yasa dışı' kılabildiği, yalnızca, Rus olmayanların milliyetçiliği idi...
Ayrıca biraz da -Stalin hürmetine- Gürcülerin milliyetçiliği zemin bulabiliyordu!

Bolşevik Kremlin, devrimin romantik saatleri geçer geçmez çarlığın sıkı Rusçu stratejilerine sarılmış, devletin derin temelini, sağlam şekilde üstü örtülü bir milliyetçilik ideolojisine oturtmuştur. Üstelik bu o kadar ani, açık ve keskin olmuştur ki, daha 1921'lerde Ankara, Çarlık Moskovası ile Sovyet Moskovası'nın Anadolu üzerindeki emellerinin aynı olduğunu görmekte gecikmemiştir. Nitekim Milli Mücadele'nin en civcivli zamanında Ankara hükümeti, Moskova'dan bağımsız yerli ve milli bir komünizm hareketi olamayacağını gördüğü için başlangıçta siyaseten yol vermiş göründüğü Yeşilordu, İştirakiyyun Partisi, Komünist Partisi türünden hareketleri hemen İstiklâl Mahkemeleri marifetiyle ezmiştir.

Bizim pek çok solcumuz inanmaz görünse de insaf ehli bilir ki; Türkiye'deki komünist cereyanın en kalın kablolarından biri, daha başından itibaren Rusçu bir hat ile Moskova'ya uzanır. Zaten 17 Ekim devrimi ile 'emperyal Rus ruhu' binek değiştirmişti! Ölen 'şövalye atı' yerine 'komünizm şimendiferi'ne binen Kremlin, böylece milliyetçilik ve ulus devlet anlayışının yükseltildiği çağda bile Büyük Rus İmparatorluğu'nu koruyabilmiş, hatta daha da genişletebilmişti. Kısacası Rus Milliyetçiliği için, 'cihangir devlet' yapısının temel hedeflerinden sapma yoktu. Görünürde kökten karşı-milliyetçilik güden sistem, tavizsiz bir Rus Milliyetçiliği siyaseti sayesinde Kremlin'in kutsadığı 'küresel güç' rolünü doğal denebilecek süreçten çok daha uzun ömürlü kılabilmiştir...

'Komünist Sovyetler Birliği'nde siyasi sistem, Rus Milliyetçiliği'ni esas alıyordu' diyebiliyorsak, bir bakıma milliyetçiliğin fiili tanımına yaklaşmış olmuyor muyuz? Bu böyle olabildiğine göre milliyetçilik, devlet denen siyasi yapının zorunlu ideolojisi olmuyor mu?

Elbette, zaten bunu çeşitli vesilelerle vurguluyorum: Devlet varsa milliyetçilik vardır!

Bunun bir adı 'milli çıkar ideolojisi' olabilir! Devletseniz, özgün veya değil, bir şekilde tartışmayacağınız bir millet yahut toplum tanımınız vardır. 'Devlet çıkarı' demek, zamanın moda ideolojik akımlarının gölgesinde pek uygun düşmeyebileceği için 'milletle ilgili olan çıkar' anlamında 'milli çıkar' diyerek milliyetçi ideolojinizin temel taşını ortaya koyarsınız.

Öte yandan Sovyet döneminde köküne kadar Rusçuluk siyasetinin güdülmesi, bize ayrıca bir başka gerçeği daha vurgulamaktadır:

Milliyetçi istek ve beklentiler ayrık otu gibidirler; her şartta bir yerden uç verirler! İktidar mevkiine gelinceye dek belki de içtenlikle karşı-milliyetçi olan pek çok aydın ve hareket adamı, 'devlet sorumluluğu'nu alır almaz milliyetçi kesiliverişmiştir!

Sanki 'devlet çarkı' denen sistemin rutubeti, beynelmilelci ve evrenselci kahramanın üstüne siner sinmez, cihangir dürtüler kabarmaktadır...

Hâsılı, bana göre devlet varsa, milliyetçilik 'farz-ı ayn' niteliği kazanıyor!

Lakin bunun 'mefhum-u muhalifi' pek geçerli değil. Yani 'devlet yoksa milliyetçilik de yok' diyemeyiz! Aksine, devlet yoksa, milliyetçilik, 'farz-ı ayn'dan bile öte, neredeyse doğa yasası haline geliyor!

Devletli, devletsiz, her iki durumda ve bütün ideolojilerde, şu veya bu şekilde, şu veya bu derecede milliyetçilik, kökü kazınamaz bir ayrık otudur!

İşte yine aynı büyük devrimden bir 'cilve' daha:

Gelmiş geçmiş bütün Türk Milliyetçileri'nin en seçkin pirlerini oluşturan Tatar düşünce ve hareket adamlarının pek çoğu da, hem milliyetçi, hem komünist, hatta bayağı 'Bolşevik' değil midir?

Bir başka cilveyi de 'küreselleşme'den yakalayabiliriz:

Bu ideoloji de en azından bir yanıyla 'örtülü-gerçekçi' Amerikan Milliyetçiliği değil midir?

Sağın ve solun bütün kökten muhalif çevrelerince iddia edildiği gibi küreselleşme, siyonizm denen Yahudi nazizminin yeni adı da olabilir!

Adı ve siyasi sistemi ne olursa olsun, devlet denen mekanizmanın olduğu her yerde, örtülü veya açık bir milliyetçilik ideolojisi vardır... Hatta 'devlet eşittir milliyetçilik' de denebilir! İsviçre devleti için dahi söylenebilir bu!

AB gibi devletlerüstü birlik veya bütünleşme denemelerinde de, daha rafine bir milliyetçilik, sistemin ideolojik temelini oluşturacaktır...

İşin özü şu ki, dünkü SSCB, bir milletin başka milletleri yönettiği imparatorluktu... ABD aynı yapının biraz daha rafine bir yöntemle korunduğu bir imparatorluktur! AB de bu ikisinin daha gelişmişini, daha ileri bir uyarlamasını deneyerek 'Fransız-Alman' ortaklığının yöneteceği, güdülen milletler birliği oluşturmaya çalışmaktadır...

Dün SSCB'nin milliyetçilik karşıtı olduğu görüşünü yaymaya çalışarak, derin Rusçuluğun oralarda ve dünyanın başka taraflarında maskelenmesine hizmet eden marksist aydınların yerini, şimdi çoğu aynı geçmişten gelerek ABD'nin ve AB'nin ırkçı, milliyetçi, sömürgeci hamlelerini yumuşatma görevine soyunanlar almış bulunmaktadır...

Bu durumda, deyim yerindeyse bir tür 'kripto milliyetçilik' türünün varlığından söz edebilir miyiz?

Neredeyse herkeste bir milliyetçi damar bulmaya yakın isek, 'Türk Milliyetçiliği' veya bir başka 'milliyetçilik' üzerine değerlendirme yapabilmek için farklı bir 'tasnif' arıyorum:

Gerçekçi (reel) milliyetçilik.

Ayinsi (ritüel) milliyetçilik.

Kuşkusuz her iki tür, diğerinin temel özelliğini büsbütün dışlayıcı değildir. Her 'gerçekçi milliyetçilik'te bir ölçüde 'ayinsi' boyut vardır. Her 'ayinsi' milliyetçilik'te de gerçekçi yanlar bulunabilir.

Buna göre, tahmin edileceği üzere, yirminci yüzyılın faşizm ve nazizm uygulamaları abartılı birer 'ayinsi milliyetçilik' örneğidir. Aynı yüzyılın İngiliz, Rus, İsrail ve Amerikan devlet ideolojileri de, olabildiğince örtülü birer 'gerçekçi milliyetçilik' uyarlamalarıdır.

Burada ana terim olarak 'milliyetçilik' alındığı için böyle bir tasnife gidiyorum. Her tür milliyetçiliğin az veya çok çağrıştırdığı 'ırkçılık' olgusuna yoğunlaşsam, farklı bir tasnifleme ararım. Ancak şunu da gözden uzak tutmuyorum:

En mülayim milliyetçilik bile, gerçek hayatta ve gerçek duygular alanında bir derece ırkçılık içerebilir ve dayatabilir. Sözgelimi ABD'de bir zenci, bir Arap veya bir Çinlinin başkan seçilmesi, en azından günümüz için tasavvur bile edilemeyeceğine göre bu ülkedeki milliyetçi algılamanın ırkçı bir derinlik içerdiği tartışma götürmez. İsviçre'de de, bir zamanlar ülke milli futbol takımının Türk asıllı yıldızı olan Kubilay Türkyılmaz'ın, başbakanlık makamına gelmesi beklenemez.

Aynı tasnife göre ırkçılık açısından da bir genelleme yapabiliriz:

Ayinsi milliyetçilikte ırkçılık yüksek yoğunlukta, gerçekçi milliyetçilikte ise -belki aynı derecede etkin iken- görünürde daha düşük yoğunluktadır. Belki bu tasnifi 'amatör milliyetçilik', 'profesyonel milliyetçilik' ifadelerine kadar da indirebiliriz. İlki çoluk çocuk işi gibi durur, öteki ustalıkla işler...

Bu durumda 'Atatürk Milliyetçiliği'ni hangi türden saymak gerektiği de bir sorun oluşturmaz mı?

Gerek Mustafa Kemal'in kendi anladığı ve yaşadığı milliyetçilik, gerekse sonradan onun yolundan gitme iddiasındakilerin dillerinden düşürmedikleri 'Atatürk Milliyetçiliği', içe dönük olarak 'ayinsi', dışa dönük olarak da 'gerçekçi' niteliktedir.

'Atatürk Milliyetçiliği'nin dışa dönük olarak 'gerçekçi' niteliğini, Mustafa Kemal-Enver Paşa mukayesesi açık biçimde sergiler. Atatürk, mevcut şartlarda milletin ancak 'Misak-ı Milli' çerçevesinde dirilebileceğini öngörecek gerçekçilikte iken; Enver Paşa, imparatorluğun enkazından, neredeyse daha büyüğünü çıkarabileceği hayaliyle 'Turan Rüyası' görebilmişti. Gerçi Enver Paşa'yı bu rüyaya biraz da Trablusgarp mücadelesi sırasında Halife'nin Damadı sıfatıyla Araplardan gördüğü saygı sürüklemiş olmalıdır. Zira Paşa bu mücadele sırasında, daha önce birbirleri ile didişen kabileleri uzlaştırıp toparlayarak aynı hedefe yönlendirebilmişti. Rus esareti altındaki Türk boylarının da aynı coşku ile kendi etrafında bütünleşeceğini uman Enver Paşa buralarda büyük bir hayal kırıklığı yaşayınca kendisi ile ilgili hülyacılık ve romantiklik iddiaları, belki gerçekte hak ettiğinden daha fazla itibar görür olmuştur. Libya'da yaşanan, Türkistan'da gerçekleşmemiş; birbiriyle didişen Türk boyları arasında bir bütünlük sağlanamamıştır.

Ne var ki aynı Atatürk, özellikle Cumhuriyet'in kuruluşundan sonra, 'gerçekçi milliyetçilik' anlayışını Hatay olayından, Afganistan'a yönelik uzak görüşlü ilgisindeki engin stratejik bilince kadar pek çok örnekte sergilemiştir. O, dışa dönük olarak daima ölçülü, ama derinden derine hesapçıdır. İçeride ise, 'Türkçü' denebilecek tutumunu 'ayinsi milliyetçilik' uygulamaları ile yansıtır, toplumla paylaşmaktan sakınmaz. Dilin saflaşmasına çalışır, ezanı Türkçeleştirmeye kalkışır, hatta kafatası ölçümü gibi fantezilere dahi kayıtsız kalmaz. Bu dönemdeki bazı tercih ve uygulamalarda yer yer ideolojik tutarsızlık, hatta karşıtlıklar görülse bile Atatürk'ün içeriye yönelik 'ayinsi milliyetçi' yaklaşımı, herhalde yalnızca keyfi bir tutum değil, topluma özgüven aşılamayı da hedefleyen bir siyasettir.

Atatürk'ten sonra ise devlet etme görevinin zorunlu kıldığı temel ideoloji ihtiyacını algılamak açısından ciddi bir düzey sorunu doğar. 'Ayinsi milliyetçilik' tasfiye edilirken 'gerçekçi milliyetçilik' de yüze göze bulaştırılır. Zaten bir müddet sonra da Türk devletinin yarı resmi ideolojisi, adeta 'Amerikan Milliyetçiliği' oluverir.

İki dönemi karşılaştırırken anahtar bir olayla yetinebiliriz:

Atatürk'ün, yapay bir ülke olan Afganistan'a ilgisi, son derece geniş bir vizyonun göstergesidir. Kabil'e gönderilen Türkiye Büyükelçisi Esendal bu ülkenin yönetimi üzerinde neredeyse 'eyalet valisi' denecek kadar etkindir. Kendisiyle aynı dönemde Afgan Büyükelçiliği yapan İngiliz, Fransız, Amerikan, Alman ve Rus diplomatlar ülkede sıradan birer 'figüran' düzeyindedir.

Ne zaman ki Atatürk vefat eder ve Türkiye Cumhuriyeti İnönü'nün dar görüşüne hapsolur, Ankara, Esendal'ı geri çeker. Muhakkak ki bu geri çekme işlemi, sözünü ettiğimiz ülkelerin Ankara üzerindeki baskılarının neticesinde gerçekleşmiştir. O saatten sonra da Afganistan'da Türkiye'nin etkinliği ortadan kalkmış, zaman içinde sıfırlanmıştır. Esasen Atatürk'ün ölümünden sonra Türkiye sadece Afganistan gibi nispeten uzak coğrafyalarda değil, çok yakınındaki doğal ilgi alanlarında bile devlet etme halinin asgari duyarlılığını sürdüremez olmuştur. İç ve dış sebepler bağlamında bu gerileyişin pek çok ayrıntıları olduğu muhakkaktır ama bir numaralı etken, Atatürk'ten sonraki vizyon zaafıdır. Ayrıca kendini belki her şeyden önce ve her şeyden çok 'Türk' hisseden Atatürk'ün mutlak bir 'milliyetçi' olmasına karşılık, İnönü'nün 'köken bilinci' bakımından böyle bir ideolojik duyarlılık yaşamaması da önemli bir sebeptir. Milli Şef, sözgelimi çağdaşlaşma ve batılılaşma vadisinde tam bir Kemalist'tir ama bağımsızlık karakteri bakımından Mustafa Kemal'in tırnağındaki asabiyetten bile yoksundur. Aynı İnönü, milliyetçilik yerine, dönemin yükselen değerler kütüğünde üst sıralara çıkan hümanizme yönelmiştir. İkinci Büyük Savaşı Almanya kazansaydı İnönü'nün elindeki Türkiye'nin yükselen değeri, mutlaka bir tür milliyetçilik olacaktı. Çünkü kendisinde çok boyutlu dengeleri arama çapı olmadığı için arasında kalacağı iki büyük güç odağından birine tamamen teslimiyeti tercih edecekti. Nitekim öyle de yaptı. Oysa Atatürk, henüz Türkiye Cumhuriyeti Lozan'da kendini kabul ettirmeden önce bile, çok daha elverişsiz şartlarda çok yönlü stratejik açılım gözetmenin adeta kitabını yazmış, değişen dengelere aynı hızla ayak uydurmanın çarpıcı örneklerini vermişti. Bolşeviklerle yürüttüğü ince hesaplı işbirliği ile, birincil düşman durumundaki Batılı büyük devletler cephesinde oluşan komünizm paniğinden azami ölçüde yararlanışı, bu açıdan son derece ibretlidir.

İnönü ile birlikte Atatürk'ün 'Yurtta barış, cihanda barış' cümlesinde özetlediği ilke, ters yüz edilir. Atatürk'ün beyninde bu düstur, yakından uzağa doğru dereceli ve gerçekçi bir milliyetçi dış ilgiyi formülleştirirken, İnönü'de aynı ilke, sınır ötesine kayıtsızlığı kurallaştıran bir ilkokul duvar yazısına dönüşür. Atatürk döneminde Türkiye'nin dış temsilcileri, bulundukları ülkelerde birer 'milli misyon' adamıdırlar. Onları kâh Türk azınlıklarla 'derin derin' ilgilenirken, kâh yeni sosyal ve siyasi akımların gelişimini stratejik açıdan izlerken görebilirsiniz. Sonrakilerin kahir ekseriyeti ise, Türkiye Cumhuriyeti'nin batılılaşmaya çalıştığını kanıtlamaya memur konu mankenleridir.

Atatürk döneminde içe dönük olarak 'ayinsi', dışa dönük olarak da 'gerçekçi' diye nitelediğimiz milliyetçi devlet ideolojisi, İnönü ile beraber sadece güncel zecri çıkar ve tehlikelere karşı kaba bir gözcülüğü hedefleyen, sıradan yönetim pratiğine dönüşür. Bu süreçte 'devlet adamı' kendisini en çok 'sınırdaki kule bekçilerinin başı' olarak algılar. Çok partili zamanlar da devletin ideolojik temelden mahrumiyeti ile bu temeli arayış denemeleri arasında akar gider. Özetle Atatürk'ten sonra Türkiye, bir devlet gibi değil de, hükümet merkezi ABD'de bulunan devasa bir belediye gibi yönetilir.

Bu dönemin başlangıcında Türk Milliyetçileri, 1946'daki 'Tabutluk' macerasına uzanan etkinlikleri ile 'ayinsi milliyetçilik' boşluğunu doldurmayı denerler. Ancak 'gerçekçi milliyetçilik' boşluğunu dolduracak irade ortada yoktur.

Türkiye Cumhuriyeti'nin Atatürk'ün vefatından bu yana hâlâ aradığı, usta işi bir 'gerçekçi milliyetçilik' ideolojisidir. Her siyasi parti bir şekilde ilke olarak 'Atatürk Milliyetçiliği'ni benimsediğini tekrarlamış ama sürekli güncellenerek ülkenin geleceğine yön verecek bir 'milli strateji' geliştirilememiş, hatta böyle bir ihtiyacın bilincine varıldığı dahi dosta düşmana hissettirilememiştir. Birkaç istisnai icraat dışında bütün devlet etkinliklerinin merkezindeki ideoloji 'Amerikan Milliyetçiliği' olmuştur.

Sizce Türk Milliyetçiliği veya Atatürk Milliyetçiliği, çerçeve ve içerik zaafı yüzünden mi ülkenin yönetiminde etkin olamamıştır?

Milliyetçiliği, gerekirse hiç adını anmadan, hatta görünürde eleştirerek devletlerinin derin ideolojisi olarak siyasetlerine esas alan güçlü ülkelerin de bu açıdan mükemmel bir felsefi çerçeveye ve dâhiyane içeriğe ihtiyaçları yoktur ki! Devlet denen yapı önce 'beka ihtiyacı'na, yani yaşama içgüdüsünün gereğini yerine getirmeye şartlanmış bulunmalıdır. Çoğu zaman da bu yaşama içgüdüsü, çok geniş bir ve uzak öngörü ile yansıtılır. Devlet isen senin beka ve güvenlik haritan bütün dünyadır. Seni tehdit edebilecek en cılız tehlike, dünyanın neresinde belirirse belirsin vaziyet almanı gerektirir. Beka ve güvenlik ihtiyacından hemen sonra insanlarının maişeti gelir. Bunu da 'milli çıkar' terimi ile yine bütün bir dünya haritası üzerinde gözetebilecek bir siyasi yapı isen devlet diye anılmaya layıksındır.

Kısacası, devletin resmi ideolojisi olarak milliyetçiliğin derin ve kapsamlı bir mefkûre niteliği taşıması, toplum hayatının her tecellisi için peşin cevaplar öngörmesi gerekmez. Devletin resmi ideolojisi olarak milliyetçilik, o devletin varlık sebep ve gayesini sıralayan maddelerden ibarettir.

Sözgelimi İngiliz devletinin ideolojisi nedir? Ciltler dolusu bir milliyetçi külliyat mı?

Hayır!

'Üstünde güneş batmayan Büyük Britanya İmparatorluğu'nu sonsuza kadar yaşatmak, en kötü durumda imparatorluk türünü değiştirmek -şimdiki gibi gevşetmek veya güncelleştirmek- o da mümkün değilse bütün dünyadaki İngilizleri oldukları coğrafyada yeryüzünün birinci sınıf sakinleri olarak yaşatmak.'

Bir devletin varlık sebep ve gayesi olarak bu uzunca cümle yeterli bir resmi ideolojidir.

MİLLİYETÇİLİK-MİLLİYETSİZLİK

Şimdi bir de bizim durumumuza bakalım:

Atatürk'ün devlet bilinci ile yukarıdaki İngiliz devlet ideolojisini nasıl Türkçeleştiririz?

'Türk devletini sonsuza kadar payidar kılmak, dünyadaki bütün Türklere güvence sağlayabilecek güce eriştirmek ve ülkenin tam barış içinde yaşayabilmesi için yeryüzünün her köşesinde barışın temininde sorumluluk üstlenmek...'

Peki ya Atatürk'ten sonrakilerin kafasında nasıl bir devlet ideolojisi olabilmiştir?

'Sabahleyin Cumhurbaşkanlığının veya Başbakanlığın penceresinden baktığım zaman dibini görebileceğim bir ülkem olsun ve dünya yansa bile benim bir bağ otum yanmasın.'

Şüphesiz bu süreçte 'Türk Milliyetçiliği' davası güdenlerin, solculuk ve kökten batıcılık karşısında güçlü bir fikir ve sanat birikimi geliştirememiş bulunmaları, devletin devlet olma özelliğini kaybetmesinde bir hisse sahibi sayılabilir. Hatta bu çevreler, komünizm tehdidi yüzünden NATO'yu benimsemek suretiyle 'Amerikan Milliyetçiliği'nin Türkiye'de fiilen resmi ideoloji konumuna geçmesine katkı yapmış dahi görülebilirler. Fakat yine de Türk Milliyetçileri, eyaletleşme sürecimize tatlısu solu ve kökten batıcı kesimler kadar büyük hizmette bulunmuş değildir. Zira milli kültürü tahrip edici tatlısu solcuları ve kökten batıcılar 'Amerikan Milliyetçiliği'nin kültür tanklarını ülkemizin üzerinden geçirmede 'hafif zırhlı birlik' görevi yürütmüşlerdir.

Bununla birlikte 'Türk Milliyetçiliği' hareketi, kişiliğini koruyarak değişen şartlara ayak uydurabilen, söylem ve yönelimlerini yenileyebilen bir akım niteliği kazanabilmiş de değildir. Böyle bir kazanım olmadığı için ülkemizde 'gerçekçi milliyetçilik' bilinci, öğretisi ve pratiği yönünde devlete ve topluma kayda değer bir hizmet sunulamamıştır.

Türk Milliyetçiliği, birkaç istisnai fikir ve hamle adamını saymazsak, ağırlıklı olarak 'ayinsi' bir söylem ve eylem geleneğidir.

Şüphesiz bu durumun sebep ve mazeretleri çok ve çeşitlidir.

Bir kere ülkemizde Türk Milliyetçiliği akımının ideolojik ve siyasi örgütlenme sürecinde bazı aşamalar hayli çarpıcı cilveler içerir.

Bunlardan biri, İkinci Dünya Savaşı sonrasının şartlarında şekillenir:

Manzara 'ayinsi milliyetçilik' için kapkaradır. Bu tür milliyetçilikle öne çıkan ve gemi azıya alan Almanya ile İtalya hezimete uğradığı için, aynı rüzgâra yelken açanlar bütün dünyada ezik ve geri düşmüştür.

'Yükselen değer' dalgası, tamamen zıt yönden gelmekte, özellikle gençlik kitleleri için solun cazibesi dayanılmaz bir hal almaktadır.

Bu şartlarda, gözden düşmüş ayinsi milliyetçilik, herhalde marjinalliğe mahkûmdu. Ancak birkaç yıl içinde 'Soğuk Savaş' patlayınca, Türk Milliyetçiliği adına ideolojik ve siyasi örgütlenme bir ölçüde kolaylaşacaktır. Çünkü artık içeride yakın ve sıcak bir düşman vardır. Türk Ocakları canlanır gibi olur, ardından 'Komünizmle Mücadele Dernekleri' sahne alır. Böylece 'Türk Ocakları' daha isminden itibaren vaat ettiği tez değerini kısa sürede elinden düşürür, Türk Milliyetçileri Soğuk Savaş'ın uydulaştırıcı rüzgârı altında acıklı bir donma sonucu 'karşı tez' kümesine iniverirler. Artık milliyetçilerin gözünde bütün öncelik, 'Komünizmle Mücadele'ye verilmek durumundadır.

12 Eylül 1980'e kadar adım adım, dönem dönem sürekli tırmanagelen bu gerilim, Türk Milliyetçiliği'ni ister istemez 'yarı-sivil' veya 'yarı-resmi' bir hareket durumuna getirmiştir. Evet, kim ne söylerse söylesin bu 'sivil' bir harekettir.

Devletin doğrudan veya dolaylı olarak güdümünde bulunmadığı -sınırlı da olsa- bir aydın dayanağına ve geniş bir halk kitlesine yaslandığı için sivil bir harekettir.

Lakin aynı zamanda, dağınık haldeki devletin bazı organlarınca, -düzensiz de olsa- 'derince' desteklendiği, en azından belli bir anlayış ve hoşgörü ile karşılandığı için resmi bir harekettir.

1980 ihtilaliyle birlikte Türk Milliyetçileri'nin tamamen 'sivilleşme' gerçeği ile yüz yüze geldiklerini gözleriz. Bu yüzleşme, devlet tarafından devrimci kesimle aynı derecede karşıt olarak algılanmaktan kaynaklanan hayal kırıklığı ile başlar.

Böylece zihinlerdeki 'her şeye rağmen kutsal devlet' düşüncesi sarsılır. Daha önce bir tür 'milis güç' konumunda görülmekten pek rahatsız olmayan, hatta kendi kendilerini bile bir ölçüde böyle algılayan Türk Milliyetçisi gençler, özgürlük ve şiddeti birlikte tasfiye eden 12 Eylül'le beraber, tartışma ve düşünme zamanı bulurlar.

Bu da 'ülkücü mücadele' diye ifade ettikleri 'karşı-tez' ağırlıklı hareket sürecinde yaşanan tecrübeleri olabildiğince derinden sorgulamalarını sağlar...

Peki bu sorgulama sürecinde Türk Milliyetçiliği veya Ülkücü Hareket tamamen sivil bir oluşum niteliği kazanabilmiş midir?

En azından ülkücüler artık kendilerini 'devletin milis gücü' hissetmediklerine göre hareketin büyük ölçüde sivilleştiğini düşünmek mümkün.

Kaldı ki bugün orta yaş diyebileceğimiz kuşaktaki ülkücüler içinde, 12 Eylül'ün öncesi ve sonrası ile feleğin çemberinden geçmiş hatırı sayılır bir kadro yakın geçmişi çok doğru okuyabilmekte, geleceğe de bu tecrübelerle çok daha sivil bir gözle bakabilmektedir.

Bu dönemde ülkücülerin bakışlarını derinleştiren ve keskinleştiren önemli iki olgu vardır:

1- Mücadele sürecinde sık sık "içimizdeki filanca kişi MİT ajanıdır" türünden, -bazen paranoya boyutlarına varmış- söylenti ve belirtilerle pek çok kimseye kuşkuyla bakmışlardı.

2- Lider konumundaki pek çok ülkücü, kamuoyunda ve 'savaşan' taraflar arasında kendilerine mal edilen bazı eylemlerin gerçek failleri ile ilgili garip gözlem ve şüpheler yaşamışlardır. Sözgelimi, çevrelerinde bir devrimci genç öldürülmüştür ve faili belirlenememiştir. Oradaki lider ülkücü kadro, bu eyleme bir anlam verememiş ve araştırmaya başlamıştır. Böyle durumlarda ya hiçbir bilgi ve bulguya ulaşamamışlardır veya ummadıkları bir kişinin üzerinde şüphelerini odaklamışlardır. Bu kişi "ülkücü" diye bilinsin veya bilinmesin, genellikle ne idüğü ve ne yaptığı hususunda tereddüt yaşanan biridir; sanki başka bir yerin talimatı ile 'işgüzarlık' etmiştir.

Hemen belirtelim ki bu gençler; pek çok ideolojik cinayetin, misilleme veya 'tehlikeyi ortadan kaldırma' gerekçesiyle ülkücü militanlar tarafından, belli bir hiyerarşi sonucu veya keyfi davranışlar halinde işlendiğini biliyor ve kabul ediyorlardı. Ancak akıl erdiremedikleri bazı eylemler için daha o zamandan kafalarını karıştıran iç sorularla karşı karşıya geliyorlardı. Hangi görünmez el, niçin, onlar adına 'ideolojik temizlik' örneği sayılabilecek seçme operasyonlar yapıyordu? Böyle bir üçüncü güç varsa o, devletin içinde olmalı değil miydi?

Bu tür olaylar, 12 Eylül sonrasında çok daha şüpheci bir bakışla ve daha geniş tarama ile sorgulanmış; süreç, olgun yaşlara uzanan ülkücüleri derinleştirmiştir. Onların gözünde şimdi zanlı odaklar arasına, 12 Eylül'e dek toz kondurmadıkları kurumlar da girmiştir.

Bu insanların, 1974-80 arası kavga sürecinde bir yandan destanlık bir mücadele verdiklerine inanmaları, bir yandan da karanlık bağlantılara açık bir ortamdan geçtiklerini benimsemeleri, önlerine derin bir çelişki vadisi açıyordu. Her şeyi yerli yerine oturtup kişilik dengesini koruyarak bu çelişki vadisinden sivil düzlüğe çıkmak, elbette ki genç Türk milliyetçilerini aşan bir işti. Onlara bu yönde rehberlik edecek bir mütefekkir de yoktu. Kendi içlerinden çıkan keskin bakışlı bir-iki ismin sorgulama deneyişleri de, hâlâ 'ayinsi milliyetçilik' havasının hâkim olduğu iklimde boğulup gitmeye mahkûmdu.

Üstelik birkaç yıl sonra 'şeytan taşlama misyonu' da geri gelmişti.

1984'te patlayan 'bölücü tehdit', ülkücü hareketi yeniden 'yarı-sivil' veya 'yarı-resmi' karaktere bürünmeye zorlayacaktı. Salt 'ayinsi milliyetçilik' için 'altın çağ' bir kere daha patlak veriyordu. Ancak bu sefer doğrudan taraf olmayı önleyecek bir irade ve tecrübe vardır. Türkeş'in bu yönde kararlı tutumu ile ülkücüler, 12 Eylül öncesinde devrimcilerin karşısına geçerken yaptıklarını tekrarlamadılar, PKK'nın karşısına birer 'milis' olarak dikilmediler.

Bu noktada, 'özel harekât' elemanlarının ülkücülerden oluşturulduğu yolunda, eleştiri konusu olan bir gerçeklik var ki, 'Kuvay-ı Milliye milisliğinden doğruca militarizmin resmi kadrolarına intikal şeklinde yorumlanabilir.

Ancak bu en azından zekâ kıtlığı ile eleştirilmeyi hak edecek bir yorumdur.

Zira en basit bir akıl yürütme sonucunda, resmi ihtiyacın kaçınılmaz cevabı ile karşılaşılırdı:

PKK'yla mücadele edecek özel polisler başka hangi siyasi ve ideolojik eğilimden tedarik edilebilirdi? Solcu, liberal, dinci veya 'futbolcu' genç mi, gönüllülük de gerektiren böyle bir savaşçılığa talip yahut aday olacaktı?

Hem oldu da kabul mü edilmedi?

Bu konuda dikkati çeken bir nokta da, hareket olarak cepheye çıkmamanın, ülkücüleri, bölücülük olgusuna karşı resmi ideolojiden farklı bir çizgi arayışına yönlendirmeye yetmediğidir. Resmi yaklaşımı sorgulamak bir yana; beklendiği –ve belki de kurgulandığı- üzere sorgulayanları ihanetle suçlama tavrından bile taviz verilmez.

Bu paralelleşme, hareketi yeniden yarı-resmi, yarı-sivil bir karaktere oturtur. Oysa kendini Ülkücü veya Türk Milliyetçisi olarak tanımlayan genç aydınlar, 12 Eylül sonrasının yukarıda özetlemeye çalıştığımız şartları altında bu boyutu sorgulamaya başlamış, böylece yakın geçmişlerini inkâra bile gidebilecekleri çetin bir boğaza girmişlerdi. Bu sorgulama, belki kısa zamanda derinleşme umudu yansıtmıyordu ama kayda değer bir dönüşüme kapı aralayabilecek gibi görünüyordu.

Türk Milliyetçisi kadrolardaki sivilleşme arayışlarının soluksuz kalmasında, PKK'nın devlete karşı 1996'lara kadar süren başarısı da önemli bir etkendir. Yeniden sıcak tehdidin baş göstermesi, hareketin tabanında 'ayinsi milliyetçilik' bayrağını coşkuyla dalgalandıran rüzgârı sağladı. Böyle olunca da, devletin, bize göre hâlâ amatör düzeydeki 'gerçekçi milliyetçilik' ideolojisi, en önemli ustalığını 'tepki ülkücüsü' üretmede sergilemeye koyuldu.

Tabii eğer PKK karşıtı yeni ülkücü kitleler, tamamen rastgele ve doğal şekilde oluşmamışsa...

Ne var ki, öyle veya böyle, Türk Milliyetçiliği Hareketi'ni temsil eden siyasi ve sosyal oluşumlara yeni katılan nev-zuhur tepki ülkücüleri, akımın ideolojik düzeyini büsbütün geriletmiştir. 12 Eylül öncesinde karşı tezi olunan şey, koca bir Marksizm idi ve ülkücüyü ister istemez donanımlı hale gelmeye yönlendirebiliyordu. Yeni durumda ise, dışarıdan destekli ve azmanlaşmış da olsa, nihayet bir çetenin karşı tezi konumunu alabilmek, hiçbir birikim gerektirmiyordu.

-PKK'ya karşı olacaksın kardeşim.

-Bunun için ne gerekiyor?

-Hiç, sadece parmaklarınla bozkurt işareti yapman yeter!

Böyle bir ortamda 'Kahrolsun PKK' narasıyla özetlenebilecek 'güncel doktrin', zaten sığ olan ideolojik içeriği büsbütün boğuvermiştir.

Sığ diyorum; çünkü rahmetli Erol Güngör'ü istisna tutarsak, hiçbir ülkücü aydın, yüzyıl önce Volga Tatarları arasında yükselen parıltılı Türkçü aydınların fikrî düzeyine bile yaklaşabilmiş değildir. (Bu iddianın bir 'bedahet'i tekrarlamaktan ibaret olduğunu ve kanıt gerektirmediğini düşünüyorum.)

Hâsılı Türk Milliyetçiliği, çok partili siyasi hayat boyunca 'şeytan taşlamaktan ibadete vakit bulamadığı' için, kendini ideolojik açıdan yeterince sorgulayamamıştır. Bu da hareketin kendisini yenileyip geliştirmesini engelleyen önemli etkenlerden biridir.

Türk Milliyetçiliği Hareketi'nin sorunları üzerinde düşünen rahmetli Erol Güngör'ün ardından yeterince güçlü takipçilerinin gelmemesini nasıl değerlendiriyorsunuz?

Aslında gelmedi demenin haksızlık olduğunu düşünüyorum. Bugün çok sayıda ciddi akademisyenin Türk Milliyetçiliği fikriyatını geliştirdiğine inanıyorum. Böyle iken ortada bu açıdan bir kıtlık varmış gibi bir izlenimin bulunması, tamamen hareketin siyasi kadrolarının nasipsizliğinden kaynaklanmaktadır. Başka bir deyişle, kamuoyunca 'Türk Milliyetçisi' olarak kabul edilen siyasi kadrolar, adeta fikri yüzeyselliği koruma altına almış, camianın aydınlarından yararlanmamayı ilke haline getirmiş gibidir.

Bu durum biraz da Türk Milliyetçiliği hareketinden gelme aydınların, siyasi kadroların ve tabanın takip edemeyeceği kadar yüksek bir düzeye ulaşmasından kaynaklanmaktadır. Başka bir ifade ile günümüzün aydın Türk Milliyetçileri, siyasi kadrolara ve tabana gelişmiş değil de 'değişmiş', hatta 'davayı terk etmiş' gibi görünmektedir.

Daha açık söylemek gerekirse, bugün kendini iyi yetiştirmiş özgür düşünceli Türk Milliyetçileri, bizzat Türk Milliyetçiliği dâhil her şeyi sorgulayacak kadar cesur, dürüst ve güçlü oldukları için hareketin siyasi kadrolarının ve tabanının yerleşik önyargılarını sarsmaktadır. Kısacası bugün iki ayrı Türk Milliyetçiliği var. Biri, hareketin siyasetini yürütenlerin 1940 model Türk Milliyetçiliği geleneği, diğeri de ilim ve fikir adamlarının derinleştirmeye çalıştığı Türk Milliyetçiliği düşüncesi... Bu gidiş, ideoloji olarak Türk Milliyetçiliği'ni MHP'nin çok üstüne çıkaracak gibi görünüyor.

Günümüzde ülkücü kökenden gelme öylesine parlak ilim ve düşünce adamları var ki, MHP'nin vitrinindekilerin çoğunluğu onların üretimlerini anlayabilecek vasıfta bile değildir.

Bununla birlikte hareketin 1940'lardan 1980'lere koca bir yarım yüzyılı fikri atalet içinde geçirmesinin tatsız sonuçlarını aşmak için zamana ihtiyaç vardır.

Sözgelimi Türk Milliyetçileri'nin bir dönem - kerhen de olsa- NATO'cu bir yanlarının bulunması, hesaplaşılması gereken bulanık bir hatıra niteliği ile belki de 'tarih yazılabilecek kadar uzun bir zaman' için yeterince sorgulanamayacaktır.

Açıkçası, Türk Milliyetçiliği Hareketi'nin çok partili hayat boyunca yaşadığı macerayı ve geçirdiği evreleri bütün girinti ve çıkıntılarıyla değerlendirmeyi zorlaştıran çelişkiler yumağı ve sırlar alanı ile yüz yüzeyiz.

Şüphesiz, bu sır ve çelişkilerin tamamının sorumluluğu da Türk Milliyetçileri'nin omuzlarında değildir. En azından, başta değinmeye çalıştığımız, güvenilir temel terimler sorunu açısından bütün taksirat, yalnızca 'milliyetçi'lere yüklenemez.

Ayrıca vurgulamak gerekir ki, bu sır ve çelişkiler yeterli bir enerji ile sorgulanıp silkelenecek olsa, 'milliyetçi-karşı milliyetçi' kavgası, tarafların pek çok mensubunun gözünde bir anda 'beyhude' hale gelebilir.

Çok partili siyasi hayatın başlayıp geliştiği dönemin temel dinamiklerinden biri olarak işaretlediğimiz 'Soğuk Savaş' olgusunda ABD etkeni, başlı başına bir sırlar ve çelişkiler okyanusu niteliğinde değil midir? Sadece burası, herhangi bir belgeye dayanmadan, salt muhakeme gücü ile dahi sorgulanacak olsa, 'milliyetçi' ve 'karşı milliyetçi' duruş sahiplerinin başına derin işler çıkarabilir.

Ortalama devrimci için her ülkücünün 'Amerikan işbirlikçisi', yine ortalama ülkücü için her devrimcinin 'Rus işbirlikçisi' olduğu yolundaki yaygın iddia, tam tersi bir yargıdan daha mantıklı bulunabilir mi? Oysa bizzat bu iddia ve inanış, 12 Eylül öncesinde binlerce canın kaybına yol açan savaşın ana gerekçelerinden biridir.

Çok partili siyasi hayatın başlangıcı ile birlikte filizlenen, sonrasında doğrudan doğruya ülkücü-devrimci savaşına dönüşen fitnenin ardındaki ABD etkeni, her iki tarafça hakkıyla algılanabilmiş değildir. Aynı şekilde komünist Kremlin'in de, Anadolu üzerindeki 'büyük oyun'dan kapabildiği rolün yeterince kavrandığı şüphelidir.

Toplumun geneli itibariyle, ilkinin müttefik, ikincisinin amansız düşman olarak siyah-beyaz karşıtlığıyla benimsenmesi de, esasen, aklı başında insan için gerçek-dışılığın, en azından algılama zaafının kanıtıdır.

Şimdi bile bu etkenleri tam olarak tespit etmeyi imkânsız kılan sırların kapısını cesaretle çalamıyoruz. Ancak umuyoruz ki, çelişkiler üzerinde yapacağımız gezintiler sayesinde sırların mahiyetine yaklaşabiliriz.

Daha önce de birkaç kez vurguladığım gibi çok partili hayatla beraber Türkiye adeta bir 'Amerikan Milliyetçiliği' cenneti haline gelmiştir. Bu, kendisine başka milletlerden milliyetçi devşirebilen, 'ayinsi' yanı törpülenmiş, 'gerçekçi' bir ideolojidir. ABD bu ideoloji ile Türkiye'ye köklü bir giriş yapmış, kısa sürede devleti yöneten kadroların neredeyse tamamını 'gezegenin efendisi' olarak kendisine biat ettirmiştir.

Hadi küresel güçler dengesinde zayıf düşmüş bir milleti yönetenlerin siyasi ve iktisadi biatını anlayalım ama süper bir güç karşısında kölelik akdi imzalamanın zorunlu olduğunu kabul edebilir miyiz?

Faşizmi ve nazizmi yerle bir eden ABD, Türkiye'de önce geniş kitlelere sevimli görünmeyi başarmış, ancak doğasındaki bencillik ve açgözlülük yüzünden küstahlığını uzun süre bastıramamıştır. Bu yüzden önce sol aydınlar, beraberinde de Türk Milliyetçileri, örtülü Amerikan mandasından tiksinmeye başlamışlardır. Aynı süreçle eşzamanlı olarak patlayan Soğuk Savaş, öteki kefeye gizli ve 'gerçekçi' Rus milliyetçiliğini yerleştirip dünya terazisini ateş dengesi üzerine oturtunca, Türkiye'de sağ batıya doğru, sol da kuzeye doğru gittikçe daralmış ve sıkışmıştır. Böyle bir sıkışma, her iki tarafa da, hiçbir şekilde içlerine sindiremeyecekleri tercihler dayatmıştır. Sonuçta Türk Milliyetçileri, mükemmel bir 'gerçekçi milliyetçilik' örneği olan ABD ideolojisinin paradoksal müttefiki haline gelmişlerdir. Pek çok 'milliyetçilik karşıtı'nın -görünürde- fiilen 'gerçekçi Rus Milliyetçiliği'nin doğal müttefiki haline gelmesi gibi...

Fitne bir kere koptuktan sonra sapla samanın birbirinden ayrılması zorlaşmıştı. Soğuk Savaş'ın yarattığı küresel titreşimle kopan bir buz parçası yuvarlana yuvarlana bütün Türkiye'nin üstüne çökecek bir çığ haline gelince, önceleri kartopu oynayan çocuklar, göçük altında birbirlerini yemeye başlamışlardı. Şimdi dönüp, önyargısız biçimde -veya hiç değilse, daha makul şiddette önyargılar eşliğinde- bu yakın geçmişe baktığımızda, acı bir çelişkiyle karşılaşıyoruz:

Devrimci hareket, ürettiği veya üremesine katkıda bulunduğu Rus tehdidi yüzünden, -böyle bir amacı olmadığı halde- Türkiye'nin ABD'ye büsbütün bağımlı duruma gelmesinde küçümsenemeyecek bir sorumluluk sahibidir. Ülkücü hareketin de benzer şekilde, doğurduğu tepki yüzünden 'gerçekçi Rus Milliyetçiliği'ne dolaylı katkı sağladığı söylenebilir. Ancak bugün artık dünyada ve Türkiye üzerinde mutlak galip Rusya değil, Amerika'dır. Öyleyse Türkiye'yi -istediklerinin tam tersi- yerlere itmede 'devrimci hareket' bilerek veya bilmeyerek daha acıklı bir rol üstlenmiş demektir.

Doğrusu, bu varsayımların orta vadede 'deşifre edilmiş' hakikatlere dönüşmesini de beklemiyor değilim. Önümüzdeki yıllarda bazı KGB ve CIA belgelerinde, Rusların çok dolaylı yollardan ülkücüleri desteklediğine, Amerikalıların da aynı sinsilikte devrimcilere katkı sağladığına ilişkin somut örneklerle karşılaşırsak hiç şaşırmam. Esasen, 12 Eylül öncesindeki bazı eylemlerde, bir kısım önemli devrimcilerin KGB, bir kısım kilit ülkücülerin de CIA tarafından katledildiğinden veya katlettirildiğinden ciddi şekilde kuşkulanıyoruz. Malum; KGB için ülkücülerin, CIA için de devrimcilerin ne kadar kötü yaratıklar olduğunu topluma kanıtlayacak(!) türden tersine operasyonlar, gizli servisler açısından pek olağan bir numaradır.

Konumuzla ilgili bir başka çelişki örneğinin altını tekrar çizerek bu vadide düşüncelerimi toparlıyorum:

Batı Avrupa'da yaşayan gurbetçiler arasındaki Türk Milliyetçileri, bulundukları ülkelerin seçimlerinde, neredeyse istisnasız denebilecek bir çoğunlukla sol partilerin kazanmasını ister, oy verecek durumda olanlar oy verirler, bu haktan mahrum bulunanlar da gönülden desteklerler. Niye böyle davrandıklarını da açık yüreklilikle ifade ederler:

"Çünkü, göçmenlerin ve yabancıların haklarını geliştirmede daima sol iktidarlar daha ileri adımlar atmışlardır."

Şimdi bu dayanışmaya ne ad koyacağız?

Belli ki milliyetçilik ve karşı milliyetçilik, her an, kendi zıddıyla işbirliğine mahkûm olabilir. Bu da bize, ahkâm keserken yoğurdu üfleyerek yememiz gerektiğini ihtar eder. Hatta biraz da, bu -temel gibi görünen- ayırımın bile boş olduğunu gösterir. Üstelik böylesine iç içe geçebilirlik karşısında hiçbir teori kusursuz bir işlerlik vaat edemez.

Ne sınıf çatışması, ne de milletler çatışması!

Bütün tarihe, varoluştan bugüne uzanan bir dinozor omurgası aramakta inat etsek de, sık sık insan davranışlarının kestirilemezliğine veya bireyin doğal çıkarcılığına toslar dururuz. Bunca bilimsel enerjiye rağmen süzebildiğimiz en sağlam 'kanuniyet'ler, hiç beklenmedik anlarda 'kuram' aşamasına geri dönebiliyorlar.

Türk Milliyetçiliği hareketinde 12 Eylül'den sonra daha belirginleşen bir İslâmileşme süreci görülmesini neyle açıklıyorsunuz?

Daha önce dokunup geçtiğimiz gibi, 12 Eylül darbesine kadar Türk Milliyetçileri güncel olmayan sorunlar üzerinde düşünce üretmeye yeterince vakit ve takat bulabilmiş değillerdi. Hareketin siyaset sahnesinde varlık arz ettiği andan itibaren 'Komünizmle Mücadele' önceliği, davranışların bir numaralı belirleyeni durumundaydı.

Ancak teorik boşluğun önemli sebeplerinden biri de, hareketin, ideolojik örgütlenmeden kısa bir süre sonra köycülleşmesidir. Bu aşamayla birlikte dini kültür, ayinsi milliyetçi alışkanlıkların önüne geçmiş, böylece hazır İslâm birikimi, ideolojinin düşünce boşluklarını doldurmuş veya örtmüş, aydınlanmaya hevesli ülkücüler manevi kültürün mirası ile çağı yakalayabilecekleri güvencesi içinde, harcıâlem ilahiyatçılık ovasında gezinmeye başlamışlardır. Özellikle de 12 Eylül'den sonra bu dönüşüm ivme kazanmış, daha önce akla gelmeyecek sıçramalar yaşayan ülkücüler görülmüş, sözgelimi 'Humeynicilikte ideolojik tatmin -dini heyecan değil- arayan dünkü militan bozkurtlara rastlanmıştır. Hem de az sayıda değil. (İçlerinden, daha sonraları liberal partilere zıplayıp bakan olanlar da vardır, gerçek bir düşünce adamı çapına ulaşanlar da...)

Oysa başlangıçta Türk Milliyetçiliği laik nitelikli, kentli bir harekettir. Böyle olduğu için de Kemalizm ile neredeyse özdeş denecek yakınlıktadır. Bu dönemin Türk Milliyetçileri genellikle dine saygılı, inançlı, ama nadiren dindardırlar. Kente göçün patlamasından sonra kısa sürede bütün ülke dev bir köye dönüşürken Türk Milliyetçiliği Hareketi, 'Bozkurt' simgesinin yanına daha ağırlıklı olarak 'Hilal'i de yerleştirir. Bu, 'Bozkurt'un simgelediği Türkçü-Turancı ülküyü terk etmek amacıyla gerçekleştirilmiş bir değişiklik değildi. Daha çok, din eksenli polemiklerde, ortak tabana talip 'Milli Görüş' mensupları karşısında güçlenmek için İslâm'ı net bir şekilde 'ırk'ın önüne koyma girişimiydi.

Burada yalın bir gerçekliği ifade bağlamında 'ırkçılık' demiyor, 'ırk' diyorum. Zira Türk Milliyetçileri'nin ezici çoğunluğu ta baştan beri sistematik anlamda ırkçılığı reddetmişlerdir. Aksi halde, Türk Milliyetçileri'nin önde gelen isimleri arasında yer almış meselâ Kafkas kökenliler dışlanmış olurlardı. Oysa biliyoruz ki bugün bile MHP vitrinindeki kişilerden pek çoğu Çerkez ve Kürt kökenlidir. Ne var ki, giderek etkinliğini yitiren ve azalan Türkçü unsurlar, 'saf ırk' saplantısı içermeyen, yumuşak ama çelişkili bir ırkçılık anlayışını daima temsil etmeye ve yaşatmaya çalışmışlardır. Kamuoyunda 'Bozkurt-Hilal ayrışması' şeklinde ifade edilen dönemde belli ölçekte bir tasfiye veya kopuş yaşanmasına rağmen...

Bu noktada cevaplamamız gereken pek çok soru içinde en önemlisi, Türk olmayan birinin kendisine "Türk Milliyetçiliği" hareketi içinde nasıl bir yer seçebildiğidir.

Biliyoruz ki Kürt, Zaza, Laz, Hemşinli, Çerkez, Abaza, Gürcü, Boşnak, Arnavut ve Arap kökenli ülkücüler, oluşuma katılmalarını istisnai bir hadise saymamıza imkân bırakmayacak kadar çok sayıdadırlar. Ermeni kökenli ama Müslüman olmuş pek çok ülkücünün de varlığını biliyoruz. Hatta belki de 'mostralık' denecek ama, ortodoks Ermeni Türk Milliyetçisi bile var.

Bu nasıl olabiliyor?

Türk değilken 'Türk Milliyetçisi olmak' nasıl bir duygu?

Sadece bir farz ediş hali mi? Bir tür takiyye mi? Yoksa, tekil devlet ideolojisinin geçerli kılmaya çalıştığı 'Türk adı bir etnik varlığı değil, vatandaşlığı ifade eder' şeklindeki formül mü bu türden Türk Milliyetçileri üzerinde gerçekten ve samimiyetle işlemiş bulunuyor?

Bu ve benzeri soruların cevabını bulabilmek için kestirme yoldan yapabileceğimiz denemeler sınırlıdır.

Bize göre 'Türk Milliyetçiliği' hareketinin mensuplarını oluşturan harman mazide kalmıştır. Nicedir böyle bir katılım yoktur. Kendini kökten Türk hissetmeyenlerin 'Türk Milliyetçisi' olması artık imkânsız görünmektedir. Geçmişte, Türk olmadığını bile bile bu harekete katılanların bile bir kısmı artık kendi kendini yadırgamaktadır.

'Türk Milliyetçiliği hareketinin asla ırkçı bir hareket olmadığı' yargısı, mensupların meydana getirdiği harmana bakınca kesinlikle doğrudur. Ancak bu harmana, Türk olmadan katılmanın temel sebebi, Türk Milliyetçiliği hareketinin ideoloji olarak cazip görülmesi değildir. Burada en büyük etken 'Soğuk Savaş" dönemindeki öcüye karşı dayanak ve sığınak arama dürtüsü olsa gerektir. Doğrusu, bir dönem 'Türkeş'in Komandoları' deyimi ile de vurgulanan 'fiziki güç' boyutu, hareketin komünizme, özellikle de devrimci şiddete karşı bir numaralı direnç odağı görülmesini sağlamıştır. Böylece, kendini Türk hissetmeyen herhangi bir insanın, 'kızıl cehennem' tehlikesini önlemek adına saf tutma arzusu, onu Türk Milliyetçiliği hareketine mensup kılmıştır. Elbette zamanla bu durumun ideolojik açıdan netameli bir sorun alanı olduğunu da görmüştür ama artık geri dönüşü kolay değildir.

Geçmişte bu harmanın oluşumunda İslâm'ın da önemli bir payı bulunmaktadır. Doğrudan Siyasal

İslâm adına hareket eden partinin var olmadığı dönemlerde Türk Milliyetçiliği hareketi bir bakıma tek çatı durumundaydı. Nitekim Erbakan bile vaktiyle 'Türk Milliyetçiliği' hareketinin içindeydi.

Bu şekilde tek çatı konumu, Türk kökenli olmayan veya kendini Türk kökenli hissetmeyen dindarları da harmana dahil etmekteydi.

'Soğuk Savaş'ın Türkiye'deki muharebe alanı, 1974'lerde birdenbire ve patlarcasına kızışırken, köyden kente göç dalgası da hâlâ alabildiğine kabarıktır. Artık büyük şehirler de Anadolu'dur. Böylece her yer köydür ve bir de televizyon vardır. Bu da, bütün bir ülkenin kutuya sığacak hale gelmesi demektir.

Bir büyük köy ve bir büyük kutu...

İşte bu kutu ile beraber 'Soğuk Savaş' sadece kentlinin ve okuyan kişinin değil, herkesin gündemine oturur. Herkes siyasileşir ve herkes vaziyet almak durumunda kalır.

On-onbeş yıl öncesine kadar, büyük şehirlerde, özellikle de üniversite ortamlarında biraz 'milli bayram figürü' gibi duran, şu veya bu Hoca'nın, yahut şu veya bu Üstad'ın meclisine girip çıkan birer avuç romantik gençten oluşan Türk Milliyetçiliği akımının yerini çok kısa sürede karşı eylemci bir hareketin alması, herhalde birkaç cümle ile açıklanabilir bir gelişme değildir. Ancak bu süreçte en etkin sebeplere yoğunlaşacak olursak, sanırız, köycülleşmenin önemli bir ağırlık teşkil ettiğinde uzlaşabiliriz.

Önceleri harekete sempatiyle yaklaşan varoş, kasaba ve köy kökenli gençler, kavga kızıştıkça duygusal özellikleriyle ön plana çıkarlar. Artık işin ucunda ölüm vardır. Bunu göğüslemek ise cesaret gerektirmektedir. İşte bu gerçeklik kısa sürede ülkücü gençlik örgütlenmelerini varoş, kasaba ve köy çocuklarının denetimine sokar. Çünkü savaşta öncelikle onların yetenekleri geçerliydi, ötekilerin, yani şehirlilerin ise kaybedecek daha çok şeyleri vardı. Bu köy kökenli gençlerin, cesaretleri yanında bir özellikleri daha vardı:

Onlar için din, hayatın temel gerçeğiydi. İnançları daha saf ve sağlam, yaşayışları daha İslâmi idi. Sel gibi geldiler ve Türk Milliyetçiliği hareketine damgalarını vurdular. Bir anda azınlık durumunda kalan kentli Türk Milliyetçileri etkinliklerini yitirdiler. Bu da, akımın öncelikle fikri ve estetik düzeyini olumsuz etkiledi.

Ayrı süreçte 'Siyasal İslam' da sahne almaya başladığı için, Türk Milliyetçileri dini değerler konusunda da yarışa girdiler. Bu da hareketin laik dokusunu tehdit ediyordu. 12 Eylül'de Kemalizm bu sebeple ülkücüler ile devrimcileri aynı kefeye koydu, her ikisini de sistem için en tehlikeli düşman odaklar saydı...

Türk Milliyetçiliği hareketinin siyasi geçmişinde bir de toplumculuk boyutu yok muydu?

Evet, Türk Milliyetçiliği hareketinin başlangıcında güçlü bir kapitalizm karşıtlığı vardı. Bu da

'Milliyetçi Toplumcu' ifadesiyle ortaya konuyordu. Bozkurt-Hilal ayrışması yolunda tartışmaların patlak verdiği dönemlerden hemen sonra hareket 'toplumcu' sıfatını da terk etmiştir.

Bilindiği gibi Türk Milliyetçileri, çok partili siyasi hayatın ilk yirmi yılında kendi doktrinlerini 'Milliyetçi Toplumcu Dünya Görüşü' şeklinde başlıklandırmaktaydılar. Faşist oldukları yolunda suçlamalar yoğunlaşınca, Nazilerle isim benzerliğinden kurtulmak için 'Toplumcu' kelimesi atıldı. Oysa ülkücüler kendilerini hâlâ 'toplumcu' olarak görüyorlardı. Bir yandan içtenlikle asla 'Nasyonal Sosyalist' olmadıklarını savunmak, bir yandan de kendilerini 'toplumcu' hissetmek, çözülemeyen bir ideolojik sorundu. Bu açmazı yenebilmek için 'toplumcu' kavramını, 'sosyalist' kavramından farklı bir içerikle bezeyip işleyerek doktrinin tutarlılığını geliştirme çabaları, ideolojinin diğer sorun alanlarına yönelik denemeleri gibi sönük kalacaktı. Sonunda 'toplumcu' sıfatı büsbütün unutulup gitti. Geriye, ülkücünün kendisini hâlâ, herhangi bir solcu kadar ve hatta ondan fazla 'yoksul yanlısı' hissetmesinden ibaret, güçlü ama teori besininden yoksun bir bağ kaldı.

Türk Milliyetçiliği hareketinin geleceğini nasıl görüyorsunuz?

Çok partili dönemde iki kere tepkici şahlanma yaşayan Türk Milliyetçiliği hareketi kanaatimce bugün ölüm-kalım geçidindedir.

İlk şahlanış Soğuk Savaş'ın, ikincisi bölücü şiddetin meyvesiydi.